시크릿 여행지

시크릿 여행지

장주영 홍지연 권오균 강예신 지음

매일경제신문사

CONTENTS

1 강원도
태백 | 태백 야생화 VS 영월 이끼계곡 — 8
속초 | 구불구불 44번 옛길 따라 떠나는 속초 추억 소환 여행 — 11
정선 | '마음 방역 처방전 여행'… 강원도 정선 — 16

2 광주
광주 힙스터들이 찾는 양림동, BTS 제이홉이 왜 거기서 나와? — 22

3 경상남도
통영 | 통영, 오래 볼수록 사랑스러운 청록빛 휘감은 봄의 성지 — 28
남해 | 신선이 노닌다는 대한민국 대표 보물섬 남해 — 33
함안 | 붉은 노을에 취해보니, '함안차사'라는 말뜻 알겠네 — 39

4 경상북도
성주 | 성주 힐링 여행 참외의 고장 성주의 숨은 힐링 스폿 — 48
봉화 | 한국의 스위스 봉화 오지 여행 — 55
울진 | 삼림욕, 해수욕, 온천욕… 3욕 갖춘 힐링 여행지 — 60

5 대구
대구 김굉필 여행 현지인도 잘 모르는 대구 여행 — 70
힙한 골목·컬러풀·스파이시… 3色 매력의 대구 — 75
영화 속 거기, 100여 편 무대 된 대구 '시네마캠퍼스' — 81

6 부산
"바다 말고 별 보러 부산 오이소~" 이대호도 추천한 야경 명소 5선 — 88

7 세종
세종시의 자랑 국립세종수목원 — 96

8 인천
이색 온천의 최고봉… 노을 보며 노천욕하는 인천 석모도 — 100

9 전라남도
홍도와 흑산도 │ 1980년대 '한국의 이비사섬'… 유배지 매력 여전한 홍도와 흑산도 — 106
강진 │ 임영웅도 "가고 싶다" 외친 감성여행 1번지, 강진 — 111
지리산국립공원 │ 나만 알고 싶은 지리산국립공원 생태탐방원 — 116
장흥 │ 정동진 말고 '정남진'… 문학의 향 가득하네 — 119
목포 │ 낭만 항구 품은 목포, 밤이 깊어질수록 짙어지는 매력 — 127

10 전라북도
완주 │ BTS가 띄운 완주, 구석구석 완주 여행법 — 140
순창 │ 고추장 말고 몰랐죠? 순창 구석구석 반전이네 — 147
익산 │ 회색빛 일상을 치유해줄 익산 농촌체험마을 — 152

11 제주
뚜벅이도 완전 가능한 제주 원도심 여행 — 158
나만 알고 싶어 아껴둔 제주 여행지 6곳 — 166
'고사리 장마' 진 제주에서 숲속을 거닐다 — 171

12 충청남도
당진 │ 당진 대관람차 & 아미미술관 — 176
예산 │ 백주부 백종원 고향 예산에서 원기 충전해유 — 179
서천 │ 옛 모습 그대로, 오래 머물다 가고픈 서천 여행 — 185
태안 │ 겨울바다를 보았니? 동굴에서 인생 사진을 담을 수 있는 — 188

13 충청북도
제천 │ 제천 월악산 국립공원 계곡 투어 토박이들만 아는 월악산 비밀의 계곡 — 196
괴산 │ 계곡에 발 담그고 오골계로 몸보신, 괴산 여행 — 199
충주 │ 현빈과 손예진 눈 맞은 비내섬과 요즘 '핫플' 악어섬 — 204

1

강원도

강원도 | 태백

태백 야생화 VS
영월 이끼계곡

> 강원도 태백(太白)은 이름부터 거창하다. 크고 밝은 빛. 우리나라 역사의 시작, 단군신화를 품고 있는 이 동네가 가진 매력은 의외로 소박함에 있다. 작고 소중한 야생화를 관찰하러 산에 오른다. 야생화를 쫓아 금대봉까지 갔다면 조금 더 시간을 할애해 영월로 넘어가보자. 사람의 발길이 거의 닿지 않은 신비로운 이끼계곡을 만날 수 있다.

태백산 야생화 트레킹은 금대봉 코스를 따라 진행된다. 태백산국립공원 홈페이지에 소개된 '금대봉 코스'를 참고하면 된다. 총 길이 9.4km로 해발 1268m 두문동재에서 시작해 금대봉에 올라 분주령과 대덕산을 거쳐 검룡소로 하산하는 코스다. 최대로 걸으면 9.4km, 분주령만 찍고 곧장 하산하면 7km로 줄어든다. 체력에 따라 선택하면 된다.
천상의 화원이라 불리는 금대봉 야생화길이 발굴된 건 2004년이다. 당시 태백 사람들도 몰랐던 이 길을 발견한 건 국내 오지여행을 전문으로 하는 승우여행사였다. 2000년대 초 곰배령을 발굴했다가 사람들이 너무 많아지자 대안으로 발견한 곳이 금대봉이었다. 당시 이곳은 여행지가 아니었다. 그랬던 오지에 매주 사람을 가득 실은 관광버스가 오니까 태백시청에서 깜짝 놀라 승우여행사로 전화를 걸었다. 서울에서

상동이끼계곡

야생화를 보러 왔다고 했더니 처음엔 못 믿는 눈치였다. 아예 관광과 직원 서넛이 길을 따라나섰다. 길을 다 걷고 난 다음 태백 토박이들이 "우리 고장에 이렇게 좋은 곳이 있는 줄 몰랐다"며 혀를 내두르고 돌아갔다. 이후 금대봉이 본격적으로 관리가 된 거다. 표지판을 세우고 이정표를 만들어 손님을 받기 시작했다.

2016년 태백산이 국립공원으로 지정되면서 금대봉 야생화 길도 포함됐다. 예약을 통해 하루 500명만 갈 수 있다. 트레킹 시작점인 두문동재까지는 차로 갈 수 있다. 시작부터 능선길이라 어렵지 않다. 여름에는 꽃쥐손이, 범꼬리, 노랑장대, 전호, 백당나무, 요강나물 등 야생화를 볼 수 있다. 금대봉부터 분주령까지는 완만한 경사의 탐방로를 따라 걷는다. 대덕산으로 넘어가면 다시 능선을 탄다. 대덕산 정상은 야생화

상동이끼계곡

태백 금대봉 트레킹

밭이다.

상동이끼계곡은 영월 토박이도 잘 모르는 숨은 명소다. 만항재와 화방재 두 고개를 넘어 40분을 더 들어가야 만날 수 있는 상동이끼계곡. 영월 동쪽 끝에 있는 상동읍은 태백과 경계하고 있는 동네다. 태백에서 출발해 국도31호선을 따라 영월에 닿는다. 칠랑이계곡장산야영장을 지나 600m쯤 가면 도로 왼편으로 공터가 나온다. 공터에서 이끼계곡으로 가는 산길이 나 있다. 분명 도로뿐이었는데, 우거진 숲길에 발을 디디는 순간 마법처럼 물소리가 들려온다. 물소리를 따라 계곡을 찾아간다.

돌과 나무와 물줄기. 흔하디 흔한 계곡 풍경에 초록 이끼가 더해져 신비로운 분위기를 연출한다. 깊은 숲을 뚫고 한줄기 햇살이 내려오면 맑은 계곡에 윤슬이 어린다. 상동이끼계곡은 꽤 깊다. 약 500m까지 이어진다. 나무, 돌, 물, 그리고 여기에 이끼가 더해져 만들어낸 풍경은 상상 이상이다. 그 옛날 인류가 돌과 나무에 바람과 흙에 신이 깃들어 있다고 믿은 것이 이해가 되는 장면이다.

강원도 | 속초

구불구불 44번 옛길 따라 떠나는
속초 추억 소환 여행

> 500원 동전 하나로 오가는 추억의 갯배
> 아바이마을 들러 따끈 순대국밥 한 그릇
> 먹방투어 끝내고 온천으로 마지막 방점

그리움이라 쓰고 사무침이라 읽는 추억은 다들 하나쯤 가지고 있지 않을까. 아침 안개가 피어오르듯 머릿속에 기록된 뿌연 무언가는 얼굴 하나, 이름 하나다. 찬바람이 불어올수록 추억을 되새김질하는 일은 잦아진다. 마음이 허한 느낌이 들어서일 테다. 이럴 때 단출히 일상에서 벗어나는 것만큼 좋은 특효약은 없다. 떠나는 준비부터 교통수단, 음식, 나아가 서로 모든 것을 함께한 순간 하나하나가 영화의 한 장면처럼 지나간다. 설사 혼자 여행을 했더라도 '누구'는 없을지 모르지만 '누군가'는 분명 남아 있을 터. 그래서 사람은 참 묘하다. 기억을 다 잊은 듯하면서도 불현듯 당시 옷이나 분위기, 냄새 등을 접하면 스멀스멀 기억을 떠올리니 말이다.

추억을 소환하는 여행에 제격인 곳이 있다. 강원도 속초다. 속초는 가는 길부터 추억

갯배

ⓒ 한국관광공사

쌓기에 최적이다. 지금이야 쭉쭉 뻗은 서울~양양 간 고속도로를 이용하면 3시간도 안돼 갈 수 있지만 예전에는 한계령 방향의 44번 국도나 미시령 쪽의 46번 국도를 꾸불꾸불 따라가야 했다. 워낙 길이 험하다 보니 온몸이 경직되기 일쑤. 그래서 가다 서다를 수없이 반복해야 다다를 수 있었다. 하지만 이런 힘듦도 잠시. 사시사철 바뀌는 설악산의 절경은 한순간도 지겹지 않고, 오히려 꾸불꾸불 오르락내리락하는 길은 운전하는 재미마저 쏠쏠하게 느껴졌다. 요즘도 옛길만의 매력을 느끼려 이 길을 찾는 이가 꽤 있을 정도다.

가끔이지만 그 고장의 이름은 왜 지어졌을지 궁금할 때가 있다. 그런 의미에서 속초의 유래는 꽤 흥미롭다. 속초는 속초 특유의 지형 때문에 이름이 붙여졌다. 속초 땅은 마치 소가 누워 있는 듯한 모양이다. 그렇다 보니 너른 들판을 돌아다니며 풀을 뜯어야 하는 소가 풀을 먹기 불편할 수밖에 없었다. 그래서 예부터 풀을 뜯어서 소가 편히 풀을 뜯게끔 만들었고, 속초란 이름은 이후 '풀(草)을 묶는다(束)'는 의미로 붙여졌다. 이런 유래를 좀 더 드러내기 위해 속초 중앙시장에 가면 입구 쪽에 튼튼해 보이는 황소상이 딱 서 있다. 속초의 무한 발전을 기원하면서 세웠다.

속초에 갈 때 꼭 준비해야 할 것이 있다. 요새 대부분 신용카드나 지폐만 들고 가는 경우가 많지만 속초에 갈 때는 반드시 500원짜리 동전 한 개를 가져가야 한다. 속초 명물인 '이곳'에 들르기 위해서는 동전이 필요하기 때문이다. 함경도 출신 이주민들이 모여 사는 아바이마을이 그곳이다.

물론 동전이 없다고 해서 아바이마을을 못 가는 것은 아니다. 다만 속초를 제대로 즐기고 싶다면 동전을 챙겨두란 얘기다. 그 이유는 아바이마을까지 가는 갯배를 타기 위해서다. 이 갯배를 타지 않고 빙 둘러 다리를 이용해 갈 수도 있지만 단돈 500원만 내면 잊지 못할 추억을 만들 수 있다.

다시 말하지만 갯배의 승선 요금은 1인당 500원. 편도 요금이 그렇다. 초등학생 이하는 300원이다. 4인 가족이라 해도 2000원 안팎의 저렴한 가격에 갯배를 탈 수 있다. 갯배를 속초 명물로 꼽는 것은 단지 저렴한 승선 요금 때문만은 아니다. 갯배는 가로 15m, 세로 20m쯤 되는 직사각형 모양의 배다. 이 배는 동력으로 가는 게 아니라 오로지 사람의 힘으로만 움직인다. 한쪽에서 다른 한쪽까지 연결된 쇠줄에 고리를 걸고 사람이 잡아당겨 건너는 방식이다. 슬금슬금 고리를 당기면 가고자 하는 방향으로 전진한다. 그렇게 5분 정도 당기면 목적지인 아바이마을에 도착한다.

그런데 이 줄을 당기는 것이 또 흥미롭다. 우선 갯배의 선장(?)이 할아버지다. 그분이 줄을 당기는 모습을 보면 측은지심(惻隱之心)이 안 생길 수 없다. 남녀노소 불문, 누구나 도울 수 있다는 얘기다. 아니, 아예 승선한 승객끼리 줄을 당겨 움직일 수 있다. 선착장 입구에 '갯배 쇠줄 당기는 법'이 적혀 있을 정도다. 줄을 당기며 갯배를 타는 재미는 기대 이상으로 꽤 쏠쏠하다. 아바이마을을 가기 위한 갯배는 속초 중앙시장에 닭강정과 순대를 파는 거리 바로 앞에 있으니 꼭 타보시길.

'아바이'란 단어는 아버지를 뜻한다. 함경도 사투리다. 한국전쟁 때 부산 지역으로 피란 온 피란민들이 고향에 돌아갈 수 없게 되면서 지금의 청호동, 그러니까 아바이마을에 터를 잡았다. 아바이마을에 가면 마을 초기 사진부터 마을 역사에 대한 내용을 전시한 곳이 있다. 또 마을을 둘러보다 보면 마을 곳곳에 그려진 벽화가 있는데 나름 벽화를 찾아보는 재미도 있다. 이를 보다 생생하게 느끼려면 문화관광해설사가 설명하는 기회를 잡으면 된다.

아바이마을에 가면 놓치지 말아야 할 것이 하나 있다. 아바이마을을 대표하는 음식인

속초 관광수산시장 순대

물회

속초 관광수산시장 닭강정

지나치면 속초 여행을 다녀갔다고 할 수 없다. 이곳에는 빼놓을 수 없는 명물 음식들이 즐비하다.

우선 속초 하면 떠오르는 음식인 닭강정이 손짓한다. 닭강정은 보통 맛, 매콤한 맛 등으로 나뉜다. 한 상자에 닭 한 마리가 강정으로 만들어져 있어 양에서 압도당한다. 욕심 같아서는 다 맛보고 싶지만 그렇게까지 하기에 부담이 있다면 두 가지 방법이 있다. 현지에서 바로 먹을 때는 보통 맛을 선택하면 된다. 바삭함은 물론이고, 닭 누린내가 전혀 없이 고소함만 가득 느낄 수 있다. 대신 닭강정을 포장할 경우에는 달라진다. 매콤한 양념 맛으로 가져가는 게 좋다. 흔히 식으면 눅눅해져서 맛이 없는 게 일반적이지만 속초 닭강정은 식은 닭강정이 진짜 닭강정이라고 할 정도로 맛나다.

닭강정에 버금가는 속초를 대표하는 또 하나의 음식은 물회다. 새콤달콤한 육수에 동해에서 나는 다양한 종류의 해산물을 가득

순대를 맛봐야 한다. 일반 순대는 돼지 창자를 이용하기 마련. 물론 아바이순대도 돼지를 사용하지만 아바이순대와 함께 꼭 오징어순대를 맛보길 추천한다. 촉촉하고 쫄깃쫄깃한 식감의 오징어가 아주 감칠맛이 난다. 겉피 안에 들어가는 소도 찹쌀과 숙주, 배추, 고추 등을 다져 넣은 후에 달걀과 버무려 특별하다. 푸짐한 오징어순대를 한 입 베어 물면 구수하면서도 매콤한 맛을 느낄 수 있다. 맛이 정말 끝내준다.

아바이마을을 둘러보고 다시 갯배를 타고 나오면 속초 중앙시장이 보인다. 속초 관광수산시장이라고도 부르는 이 시장을 그냥

넣어 만든 물회. 속초 여행에서 절대적으로 필수 흡입해야 하는 음식이다. 속초 물회는 전국에서도 손꼽힐 만큼 유명하다. 그 이유는 해전물회이기 때문. 해전물회는 해삼과 전복이 들어간 물회를 일컫는데, 해삼과 전복 특유의 싱그러움, 바다 내음, 그리고 쫄깃쫄깃, 꼬들꼬들한 식감이 입맛을 돋운다. 기분 전환이나 휴식을 위한 여행이지만 돌아다니다 보면 피로가 쌓일 수밖에 없다. 떠나기 전 피로를 확 풀 수 있는 곳이 속초에 있다. 뜨끈뜨끈한 온천에 몸을 담글 수 있는 노학동 척산온천지구가 그것. 흔히 설악산은 한계령과 미시령을 경계에 두고 동해 쪽을 외설악이라 부른다. 속초가 바로 외설악에 자리한다. 노학동 척산온천지구는 설악동에서 학사평과 미시령에 이르는 길목에 있다. 이곳 온천의 특징은 무미 무취. 아무 맛도 향기도 나지 않는 대신에 물빛이 약간 푸른빛을 띠는 것이 색다르다. 불소와 방사성 물질인 라듐 등을 함유하고 있어 피부병이나 눈병, 위장병, 신경통 등에 좋다. 충치를 비롯한 치아 관련 질환 예방과 치료에도 효과가 있으니 여독을 풀기에 그만이다.

미시령

강원도 | 정선

'마음 방역 처방전 여행'…
강원도 정선

> 처음 느낀 상쾌함
> 방긋 웃는 다정함
> 전망이 탁! 정선으로~

정상이 그리운 시대를 살고 있다. 마스크에 표정과 입을 감추다 보니 속내를 알아채기 쉽지 않다. 더욱 안으로 되새기고 생각이 많아진다. 잠깐의 콧바람마저도 말을 꺼내기 힘들다. 마음 방역이 간절하다.
정선 여행은 그렇게 출발했다. 쉼이 필요했다. 그러다 유튜브 여행 영상 한 편이 눈과 귀에 꽂혔다. 폴킴의 '여름 안에서' 뮤직비디오였다. 모 기업 광고 영상으로도 쓰인

정선은 답답하지 않았다. 싱그러웠다. 향긋했다. 감칠맛이 났다.
첫 목적지로는 영상 속 그곳을 찾았다. 선평역이란 무인 간이역이다. 폴킴이 파란 벤치에 앉아 노래를 읊조리던 그곳엔 무성한 풀 사이로 들꽃이 흐드러지게 피어 있었다. 여기를 일컫는 '시간이 멈춘 곳'이란 표현이 어색하지 않았다. 시계를 한참 과거로 돌린 듯한 고즈넉한 분위기는 한 알의 아스

피린 같았다.

선평역을 찾는 이들은 대개 하루에 한 번 운행하는 정선아리랑열차를 이용한다. 10분가량 정차하다 떠나는데 그 10분을 요긴하게 활용하게끔 장터도 선다. 아예 선평역에 하차해 마을을 구경하는 것도 권한다. 일상이 힘겨운, 아니 일상에 찌든 이라면 더욱 하차할 것을 추천한다. 선평역 플랫폼이나 자그마한 광장에서 마을을 내려다보는 내내 귓가에 들리는 소리는 이름 모를 새의 지저귐뿐이었다. 역 건너편으로는 동강 줄기의 하천이 흐르는데 힘찬 물소리도 마음을 안정시키기에 그만이었다. 백색소음 천국이라 해도 과언이 아니다.

선평역에서 동강을 곁에 두고 구불구불 드라이브하는 길은 흡사 동해안 7번국도 느낌도 든다. 운전하는 '맛'을 좋아하는 이라면 꼭 누려볼 만하다. 40분 남짓 남쪽으로 가다 보면 고한읍이 나온다. 하이원리조트가 있는 마을이라고 하면 알아듣기 쉽다. 이곳에서도 폴킴은 뮤직비디오 한 편을 남겼다. '칵테일 사랑'이란 노래 뒤로 아기자기한 거리 풍광이 등장한다. 이곳이 바로 마을호텔18번가다.

거리에 딱 들어서자마자 떠오른 곳은 싱가포르 '가든스 바이 더 베이'였다. 한 땀 한 땀 수를 놓듯 집마다 손수 자그마한 화분을 열 개 남짓 가꾼 모습에서는 플라워 돔이, 거리 곳곳을 콘셉트에 맞게 벽화로 단장한 모습에서는 슈퍼트리 그로브가 그려졌다. 물론 규모나 인프라스트럭처를 비교할 수는 없다. 사실 이런 비교는 중요하지 않다. 어쩌면 가당치 않다. 하지만 폐허에까지 이르렀던 폐광촌 골목을 주민이 직접 나서 화

마을호텔

원과 갤러리를 방불케 하는 명소로 탈바꿈시켰다는 뒷얘기에 마음이 끌렸다.

한참 거리를 걷다 보면 자그마한 시장이 나온다. 이름도 재밌는 구공탄시장이다. 마치 미로 찾기같이 작은 골목이 이어지고 또 이어져 있는 형식이다. 그곳에는 정선이 강원도이고 탄광촌이었다는 것을 증명하려는 듯 특별한 먹거리가 있다. 석탄빵과 감자빵이다. 누군가 말하지 않고 전시해뒀다면 석탄, 감자로 착각할 만큼 완성도가 높다. 석탄빵이 스콘 느낌 맛이라면, 감자빵은 짭조름하다.

다시 운전대를 잡았다. 이번에는 북쪽으로 20여 분 산길을 거슬러 올랐다. 정선 주민에게 정선에서 꼭 가봐야 하는 곳을 꼽으라고 하면 이구동성 얘기하는 병방치 스카이워크다. 전국에 스카이워크가 많이 설치돼 있지만 병방치만의 매력은 역시나 한반도 지형을 닮은 동강변 모습을 한눈에 내려다볼 수 있다는 점이다. 해발 583m 절벽 끝에 길이 11m의 U자형 구조물이 툭 튀어나오게 설치돼 있다 보니 마치 절벽 끝에서 구름 위를 걷는 듯한 아찔한 느낌을 받는다. 좀 더 활기찬 기분을 누리고 싶다면 스카이워크 위쪽으로 더 올라가면 된다. 무려 시속 100km로 계곡과 계곡 사이를 질주하는 집와이어가 있다. 스카이워크가 구름 위 산책이라면 집와이어는 하늘 곡예 느낌이니 취향에 맞게 즐겨보시길 바란다.

한참 돌아다니다 보면 배꼽시계가 울린다.

곤드레나물밥

ⓒ 한국관광공사

병방치 스카이워크

'시장이 반찬'이라고 뭘 먹어도 맛있다는 얘기도 있지만 정선은 그런 논리를 정중히 거부한다. 정선만의 아닌, 강원도만의 맛을 느끼기 좋은 음식들 때문이다. 무엇보다 돋보이는 것은 곤드레밥이다. 곤드레는 큰 잎사귀에 긴 뿌리가 특징인 산나물이다. 그냥 바닥에 두면 모르지만 바람에 흔들리면 진면목을 드러낸다. 마치 술에 취한 사람의 모습과 흡사하다. 실제로 그 모습 때문에 정식 명칭인 '고려엉겅퀴'를 뒤로하고 '곤드레'란 이름이 붙었다.

사실 곤드레밥은 가난과 깊은 연관이 있다. 어린 잎과 줄기를 밥에 섞으면 마치 양이 두 배가량 부풀려지는 느낌을 받는다. 이 때문에 보릿고개 시절 부족한 끼니를 푸짐하게 하기 위해 넣었던 구황식물이 바로 곤드레였다. 물론 지금은 그런 착시효과를 기대하며 먹지는 않는다. 곤드레나물 특유의 향과 고소한 들기름, 감칠맛 나는 간장 양념을 섞어 비비면 근사한 한 끼로 거듭나니 말이다. 더구나 칼슘과 철분 등을 많이 함유하고 있어 빈혈을 예방하고 콜레스테롤 수치를 낮춰주는 효능까지 있어 건강식으로도 그만이다.

정선을 누비다 보면 곳곳에 흥미로운 플래카드나 설치물을 만나게 된다. '보고 싶다. 정선아!' 마치 정선이란 분을 찾는 듯한 이 글귀. 맞는다. 정선 관광 슬로건이다. 한번 보면 잊히지 않을 만큼 강렬하게 기억에 남는다. 그래서인지 정선을 향한 그리움은 여전하다. "보고 싶다. 정신아!"

2

광주

광주

광주 힙스터들이 찾는 양림동,
BTS 제이홉이 왜 거기서 나와?

> 요즘 광주광역시 핫플레이스는 양림동이다. 서울로 치면 '힙지로'가 된 을지로를 연상케 한다. 을지로가 1960~1970년대 산업화의 흔적이 남아 있다면 양림동은 1930년대 항일운동과 선교의 역사가 남아 있다. 그리고 재개발 위기를 벗어나 재생마을로 거듭난 펭귄마을에는 옛 골목의 정취가 느껴진다. 양림동의 매력 포인트를 짚어봤다.

여행자 라운지 '10년 후 그라운드'

여행의 시작점으로 삼아도 좋을 장소는 여행자 라운지 카페 '10년 후 그라운드'다. 원래는 은성유치원이었는데, 지금은 10년 후를 준비하는 복합 문화공간이다. 부산 출신 이한호 쥬스컴퍼니 대표가 이끌고 있다. 1층에서는 커피와 맥주, 그리고 지역 특산 기념품을 판매한다. 1975년 지은 건물답게 빨간 벽돌의 외관과 넓고 쾌적한 내부 공간이 어우러져 더위를 피해 카페인 흡입하러 오는 이들이 많다.

10년 후 그라운드

활기를 띠자 결국 광주시 남구청도 나서 재개발 대신 보존과 관광 지역화를 선택했다. 지금은 골동품이 되어버린 옛 생활용품을 구경하고 기념사진 찍을 만한 장소도 곳곳에 있다. 지역주민의 자구 노력과 인스타그램이 살린 마을이라고 할 수 있다. 골목을 걷다 보면 광주가 고향인 BTS 제이홉도 만날 수 있다. 중국 팬들이 코로나로 한국 방문이 어렵게 되자 그의 생일(2월 18일)을 기념해 대행사를 통해 완성했다고 한다.

펭귄 없는 포토존 천국
펭귄마을

인근 펭귄마을 사연도 재밌다. 2012년 재개발 논의가 한창이었는데, 발이 약간 불편해 펭귄댁이라고 불리는 동네 주민이 펭귄마을로 부르자고 제안했다. 다른 주민들도 이에 호응해 마을을 정크아트 골목으로 꾸미기 시작했다. 주변까지 분위기가 번지고

펭귄마을

광주 힙스터 다 모인
이이남 스튜디오

양림동이 명소로 뜬 데에는 이이남 스튜디오가 결정적이었다. 미디어 아티스트 이이남 작가는 신광약품 창고를 인수해 2020년 말 미술관을 열었다. 예술은 언제나 접할 수 있어야 한다는 취지로 차를 마시면서 자연스럽게 미술을 관람할 수 있도록 설계했다. 한국 고전을 디지털 영상으로 재해석한 작품은 한국 고전 미술에 관심이 없어도 눈길을 주게 된다. 창고 건물을 채광이 잘 되도록 개조한 것도 특징이다. 1층에서 2층과 3층으로 올라가는 계단은 피에타를 재해석한 성모마리아상을 감싸고 있는 구조다. 옥상에 오르면 멀리 무등산까지 보인다. 광주 젊은이들이 다 몰려와 있는 것 같은 느낌이 들 정도로 인산인해다.

이이남 스튜디오

ⓒ 광주미술문화연구소 홈페이지

선교사가 잤던
호랑가시나무언덕
게스트하우스

미술관 바로 옆 선교사들의 공간은 호랑가시나무언덕 게스트하우스로 변신했다. 폐가처럼 방치되어 있던 건물은 실제로 선교사들이 거주했다. 방마다 거주한 이들의 이름을 붙였다. 선교사 방답게 단출하다. 한 달 살기 같은 장기 투숙도 가능하다. 옛날 시설이지만, 내부를 개보수해 웬만한 모텔만큼 안락하다. 선교사들이 고국에서 가져와 심은 은단풍나무, 아름드리피칸나무, 흑호두나무 등이 여전히 자리를 지키고 있어 풍경도 이국적이다. 바로 위 우일선 선교사 사택이나 선교사 묘원, 오웬기념각 등지로 성지순례를 떠나도 좋다. 종교 대신 맛집 순례를 떠나고 싶다면, 방마다 배치된 '호

호랑가시나무언덕 게스트하우스

슈랭가이드'를 참고할 만하다. 양림동 먹거리 볼거리 고민을 깔끔하게 해결해준다.

에 해초 등을 푸짐하게 올려주고, 리소토에는 꽃게 반 토막을 얹어준다.

남도식 이탈리안
마리오셰프

호랑가시나무언덕 게스트하우스의 호슈랭 가이드를 따라 현지인 맛집에 방문했다. 문화체육관광부의 대한민국 테마여행 10선 8권역 남도맛기행 지역 중 하나인 양림동만 해도 양인제과, 양림빵집, 펭귄당 같은 빵집과 카페가 즐비하다. 레스토랑조차 남달랐다. 양림동의 마리오셰프는 그냥 이탈리안이 아니라 '남도식 이탈리안'이다. 파스타도 양이 풍부하고 양념이 걸쭉하다. 파스타

마리오셰프 꽃게 커리 리소토 / 해산물 파스타

3

경상남도

경상남도 | 통영

통영, 오래 볼수록 사랑스러운
청록빛 휘감은 봄의 성지

> 노랑, 빨강, 분홍, 주홍. 화려한 색의 4대 천왕쯤 될 테다. 추운 겨울이 하양으로 독주할 때만 빼고 이 4색은 세 계절 내내 '전국 색깔 자랑' 무대에 나선다. 하지만 3월에서 4월 사이에는 강한 경쟁자가 나타난다. 초록과 파랑이다. 싹이 움트고 만물이 생동하는 이때는 그 어느 색보다도 청록의 기운이 곱다.

이 푸른 정기가 가장 먼저 닿는 곳으로 경남 통영만 한 곳이 없다. "저 푸른 초원 위에, 그림 같은 집을 짓고~" 하는 '님과 함께'란 노래가 여기서 만들어졌나 싶다. 풍광을 보고 있자면 목포가 고향인 원곡자 남진도 인정하지 않을까 하는 엉뚱한 상상마저 든다.

일단 바다색에서 탄성이 나온다. 통영의 봄 바다는 특유의 빛깔이 있다. 에메랄드빛보다는 사파이어 블루에 가깝다. 사파이어 블루가 하늘빛과 가장 닮았다고 하는데, 실제로 '바다멍'을 하고 있으면 언뜻 하늘과 바다가 혼연일체하는 느낌마저 든다. 그만큼 세상 파랗다.

현재의 우리를 두고 볼거리가 화수분처럼 넘치는 시대에 산다고 한다. 그런 우리조차 통영 바다를 보고 있으면 '바다가 이리 예뻐도 되나' 싶은데, 하물며 예전 사람들은

비진도

어땠을까. 그래서 붙은 별명이 '동양의 나폴리'일 텐데, 이제 나폴리는 고이 보내드리는 게 맞을 듯하다. 굳이 수식어가 필요 없는 고장이 통영이니 말이다.

초록도 파랑에 뒤지지 않는다. 그 절정을 마주하려면 무조건 미륵산에 올라야 한다. 해발 461m 고지다. 미륵산을 즐기는 방법은 크게 두 가지다. 등산과 케이블카. 양쪽 모두 장단점이 뚜렷하다.

우선 등산은 초보자에게는 만만치 않은 코스다. 정상까지 거의 쉼이란 없다. 오르고 또 오르는, 조금 과장해 숨 막히는 오르막의 연속이다. 포장길이 아닌 임도나 비포장 길이 대부분이라는 점, 계단이 은근히 많다는 점도 어느 정도 각오해야 하는 부분이다. 다만 드라마 '빠담빠담'에도 나왔던 다도해를 바라보며 걷는 산행은 좀처럼 겪지 못할 힐링 기운을 누릴 수 있다. 동백꽃 필 무렵에는 산길에 붉은 동백꽃 융단도 깔린다. 심히 매혹적이다.

또 다른 방법인 케이블카는 역시나 편하다. 드론샷이라 부르는 하늘 위에서 내려다보는 다도해와 통영 루지, 미륵산 절경 등은 한 번 보기 아쉬워 내려올 때 한 번 더 담는 게 고마울 정도다. 혹자는 미륵산 정상을 향해 가는 이 여정을 '한려해상 전망대 엘리베이터'라고도 부른다. 그만큼 케이블카 차창 너머로 보이는 풍광이 수려하기 때문일 테다. 한 가지 아쉬운 점은 미륵산 곳곳의 아기자기한 맛을 못 느낀다는 것이지만 볼거리 많은 통영을 알차게 누리려면 체력을 비축하는 것도 나쁘지 않다.

등산이든 케이블카든 미륵산을 오르면서 마주하는 한 가지 공통점이 있다. 미륵산을 휘어감은 청록빛 숲과 그 산을 품은 바다의 만남을 함께할 수 있다는 것이다. 통영에는 크고 작은 섬이 150여 개 있다. 남해안 어느 도시와 비슷한 다도해 여건을 갖췄다. 미륵산 정상에서 그 다도해를 바라보면 미륵산을 포함해 섬마다 짙은 녹음이 우거진 모습이 눈에 들어온다. 푸른 바다 위 듬성듬성 초록이 가득한 무인도 여럿의 무리를 보면 입가에 미소가 인다. 한편으로 귀엽고, 다른 한편으로 싱그럽다. 도심에서는 절대 느낄 수 없는 묘한 감정이다. 통영의 참 매력이리라.

눈이 즐거웠으니 귀도 호강시켜야 한다. 푸름을 소리로 들어보는 이색적인 순간을 통영에서 누릴 수 있다. "철썩~ 사그락" 하는 파도의 몸부림 소리가 들리는 비진도의 몽돌해수욕장이 그 주인공이다. 파도와 몽돌이 부딪혀 내는 특유의 사그락 소리, 거기에 고운 모래사장에서만 만날 수 있는 뽀드득 또는 스윽 하는 모래 소리가 아주 매력적이다.

실제로 비진도는 예부터 가진 게 많은 동네였다. 섬의 형상이 마치 거대한 '구슬 옥(玉)'자가 푸른 비단폭에 싸인 것처럼 보인

한려수도 조망 케이블카

ⓒ한국관광공사

비진도

다 해 이름을 비진도라 붙였다고 하고, 해산물 또한 그냥도 아닌 무진장 생산돼 보배로운 동네로 불렸다. 연중 평균기온도 복덩이급이다. 덥지도 춥지도 않은 14도로 포근하니 말이다.

비진도는 역시나 해수욕장이 압권이다. 해안선 길이가 550m나 되는 천연백사장은 모래가 부드럽고 수심이 얕다. 여기에 수온 또한 수영을 즐기기에 알맞아 여름 휴양지로 최적이다. 백사장을 사이에 두고 안섬과 바깥섬, 두 개의 섬이 아령처럼 연결돼 있어 보는 재미 또한 있다. 서쪽 해변은 잔잔한 바다와 모래가 덮인 백사장인 반면, 동쪽 해변은 거친 물살과 작은 조약돌로 이루어진 몽돌해변이라는 것도 이색적이다. 양쪽이 바다이기 때문에 일출과 일몰을 한자리에서 볼 수 있다는 것은 백미 중 백미다. 아울러 주변에 찌만 던지면 물고기가 낚인다는 낚시터도 있어 강태공에게 인기다.

통영 여객선터미널에서 비진도로 들어오는 배를 타고 오는 길은 '보너스' 같다. 해금강이나 십자동굴을 함께 구경할 수 있어 해외에 온 듯한 풍광이 펼쳐지기 때문이다. 육지와 멀리 떨어져 있다 보니 바닷물이 유난히 깨끗하고 파란색을 띠어 더욱 이국적이다.
비진도 여행의 정점을 찍는 하이라이트

도다리쑥국
ⓒ매경DB

스폿은 남쪽 섬의 정상인 선유대다. 해발 311m 정상에 오르면 산호빛 해변이 가슴 속에 와닿아 답답한 도시의 스트레스가 확 날아가는 느낌이다. 선유대까지의 등산로는 남쪽 섬 정상을 바로 올라 서쪽 해안을 따라 돌아올 수 있다. 특히 1 전망대와 정상, 해안의 절벽이 있는 일명 '전망 좋은 곳' 등에서 마주하는 절경이 압도적이다.

초록과 파랑이 합주하는 진짜 순간은 따로 있다. 1년 중 딱 봄에만 맛볼 수 있는 도다리쑥국과 조우하는 시간이다. 겨울 산란기 동안의 금어기를 마치자마자 갓 잡아 올린 싱싱한 도다리와 바닷바람 맞으며 언 땅을 뚫고 자란 해쑥의 조화는 훌륭하다.

제철 생선 또는 채소가 건강에 좋은 이유는 그 계절만의 좋은 기운을 담뿍 담았기 때문이다. 도다리쑥국은 바로 그런 이치에서도 꼭 맛봐야 할 의무감이 있다. 서호시장이나 중앙시장 부근 식당에서라면 어느 곳에 가도 후회 없다. 다만 기호에 따라 맑은 국물 또는 구수한 된장 국물만 고르면 된다.

시인 나태주는 "자세히 보아야 예쁘다. 오래 보아야 사랑스럽다. 너도 그렇다"고 노래했다. 그가 가리킨 '너'는 마치 통영을 두고 한 것 같다. 자세히 보고 오래 볼수록 예쁘고 사랑스러운 통영이니 말이다. 유난히 짧은 봄에 더욱 빛을 발하는 통영이라 아쉽다. 하지만 그래서 더욱 봄을 기다리는 것 같다. 통영은 봄이다.

경상남도 | 남해

신선이 노닌다는
대한민국 대표 보물섬 남해

> 사람의 욕심이란 끝이 없다. 바다를 보고 싶다가도, 산이 그립다. 고소한 치킨을 크게 한입 베어 물다가도 TV 맛집 방송에서 매콤한 매운탕이 나오면 그새 눈이 돌아가 있다. 여행을 떠날 때도 마찬가지다. 산이 좋기도 하고, 바다가 좋기도 하고, 어떤 때는 도시의 복작복작함이 매력적으로 다가올 때도 있다.

이렇게 끝없을 듯한 욕심도 백사장에 이는 파도처럼 새하얀 물보라로 사라져버리는 곳이 있다. 조선 4대 명필 자암 김구 선생의 말을 빌리면 이곳은 '신선이 노니는 섬(一點仙島·일점선도)'이었다. 워낙 자연이 아름답고 깨끗하다 보니 500년 전 문인은 신선을 떠올렸던 것이다.

그래서인지 요새는 '보물섬'이란 별명으로 불리기도 한다. 역시나 값진 볼거리가 넘쳐난다는 뜻이다. 사실 신선의 땅이나 보물섬이나 매한가지다. '꼭 가봐야 할 곳'의 방증일 테니 말이다. 마치 할머니 쌈짓돈 꺼내듯 꼭꼭 숨겼다 내놓는 '그곳'의 정체는 바로 경상남도 남해이다.

지도를 펼쳐놓고 보면 남해는 나비가 날갯짓을 하는 모양새이다. 양 날개의 위를 하동과 사천이 잇고 있다. 1973년에 남해대교, 2003년에 창선·삼천포대교가 놓이면서

ⓒ 한국관광공사
남해대교

남해 가는 길이 수월해졌다. 특히 해안을 따라 놓인 길이 드라이브 명소이자 '한국의 아름다운 길'로 꼽혀 1년 내내 걷고, 뛰고, 차로 내달리는 이들이 제법 많다.

남해의 빗장은 대개 남해대교를 건너는 것으로 푼다. 남해대교 끄트머리에 다다르면 소녀 양 갈래 머리마냥 길이 나뉜다. 왼쪽으로 내려서면 이순신 장군의 사당인 충렬사가 있다. 충렬사는 꼭 밤낮으로 한 번씩, 두 번 가보길 추천한다. 충렬사 자체로도 의미가 있지만 충렬사 앞에서 바라보는 남해대교의 전경이 단연 최고이기 때문이다. 남해대교는 길이 660m에 높이 52m로 약 50년째 바다 위에 내걸린 현수교이다. 낮에는 쪽빛 바다와 어우러져, 밤에는 아른아른 불빛을 뽐내며 아름다움을 배가시킨다.

남해대교 아래를 유유히 때로는 거세게 몰아치는 바다가 그 유명한 노량해협이다. 조선시대 때 유배객이 육지를 등지고 저 바다를 건너왔다. '화전별곡'의 김구, '구운몽'의 김만중 등이 대표적이다. 무엇보다 임진왜란의 마지막 전투이자 '내 죽음을 적에게 알리지 말라'며 순국한 충무공의 노량해전이 벌어진 현장 또한 바로 이곳이다.

충렬사, 노량해협까지 눈에 담았다면 이순신 장군의 유해가 처음 육지에 오른 곳인 이락사가 있는 이충무공 전몰유허지까지 만나야 한다. 남해 관음포에 자리한 유적지에는 사당과 유허비가 있다. 이를 다 둘러봤다면 꼭 소나무가 빽빽한 오솔길을 따라

남해 죽방렴

걷길 바란다. 500m 정도 가면 노량해전의 전장이 한눈에 펼쳐지는 첨망대가 나온다. 이곳에서 가만히 바다를 바라보고 있으면 이순신 장군이 군사를 독려하는 북소리가 들리는 듯 아련한 기분이 든다.

이충무공 전몰유허지에서 10km 남짓 남쪽으로 더 내려가면 남해읍이다. 이곳에는 국내 최초이자 최대 규모를 자랑하는 남해유배문학관이 있다. 유배와 유배 문학을 총망라한 곳답게 유배문학실에 들어서자마자 조선시대 다섯 가지 형벌인 태형, 장형, 도형, 유형, 사형 등이 상세히 설명돼 있어 눈길을 끈다. 이 중 유형에 속하는 유배가 사형 다음으로 무거운 형벌이란 점에 또 한 번 놀라게 된다.

유배체험실에서는 유배 체험도 할 수 있다. 소달구지를 타고, 작은 방에서 유배객이 돼볼 수도 있다. 또 실제 남해에서 유배생활을 한 김구와 김만중 등이 남긴 문학 작품들을 보면 유배지에서 절망적인 삶을 극복하고 예술혼을 불사른 모습이 대단하게 느껴진다.

남해유배문학관에서 멀지 않은 곳에 의외의 힐링 포인트가 있다. 멀리서 보면 작은 언덕 정도의 구릉에 정돈이 잘된 자그마한 성곽이 자리하고 있다. 임진왜란 때 지어진 임진성이다. 침입한 왜적을 물리치기 위해 군과 백성이 힘을 모아 성을 지었다. 실제로 임진성은 개미허리처럼 잘록하게 들어간 지형에 타원형으로 지어져 천혜의

남해 농촌의 한적한 모습

요새 역할을 충실히 해냈다. 성 정상에 오르면 남쪽에는 푸릇한 들판이, 서쪽에는 구미동 해변이 마치 한 폭의 그림처럼 펼쳐져 눈과 마음이 뻥 뚫리는 기분을 만끽할 수 있다.

임진성에서 다시 해안가 도로로 나와 20여 분 달리면 몽돌해변과 응봉산을 지나 가천 다랭이마을에 다다른다. 마을 표지판이 보일 때쯤 속도를 서서히 늦추며 주위를 둘러봐야 한다. 입구 쪽에 있는 전망대를 스쳐 지나면 안되기 때문이다.

이곳에 오르면 산과 마을, 바다가 한눈에 들어온다. 특히 해발 500m 가까이 되는 설흘산과 응봉산의 급격한 산비탈에 만들어 놓은 100여 층의 곡선형 계단식 논이 "아~" 하는 탄성을 자아내게 한다. 마치 동남아의 한 마을을 보는 듯한 이국적 풍광에 연신 셔터를 누르기 바쁘다.

마을로 들어서면 남해 가천 암수바위가 반긴다. 암미륵, 수미륵이라 부르는 이 바위는 아이를 갖지 못하는 여인이 수미륵 밑에서 기도를 하면 득남한다고 알려져 화제를 모으기도 했다. 실제 모습이 만삭의 여인이 비스듬히 누운 것처럼 보여 자연의 신비스러움이 느껴진다.

가천 다랭이마을에서 나와 30여 분 동쪽으로 내달리면 신전삼거리 일대를 지난다. 이곳이 나비의 몸체에 해당하는 남해의 정중앙이다. 여기서 오른쪽 날개 쪽으로 넘어가면 남쪽으로 두모마을을 지나 상주은모래비치에 닿는다. 이름처럼 은빛 모래가 반짝이는 상주은모래비치는 여름이면 100만명이 넘는 관광객이 찾을 정도이다.

금산 자락에 파묻힌 초승달 모양 백사장 뒤로 아름드리 곰솔이 기다랗게 숲을 이룬다. 백사장과 솔숲 사이로 난 산책로를 걷다 보면 시원한 바닷바람이 코끝을 간질인다. 한려해상국립공원에 속한 해변답게 크고 작은 섬이 펼쳐지는 바다 풍경은 덤이다.

해안도로를 따라 북쪽으로 올라가 미조항을 지나면 물미해안도로가 펼쳐진다. 남해의 가장 동쪽 해안을 따르는 길이다. 코너를 돌 때마다 바다가 차 안으로 파고든다. 핸들을 놓치면 그대로 쪽빛 바다에 풍덩 빠질 것 같은 기분마저 든다.

오른쪽으로 계속 따라오던 마안도가 시야에서 사라지면 물건리 방조어부림에 닿는다. 남해 물건리 방조어부림은 바닷가의 울창한 숲이다. 팽나무, 말채나무, 상수리나무, 느티나무, 이팝나무 등 활엽수와 상록수인 후박나무가 가득하다. 정말 그 규모가 어마어마하다. 길이 1500m, 너비 30m로, 이 숲은 바닷바람과 조류를 막기 위해 인공적으로 조성했다.

마을 뒤편 언덕으로 차를 몰면 1960년대 산업 역군으로 독일에 파견된 동포들이 귀국해서 정착한 독일마을이 나온다. 실제 독일의 작은 마을을 그대로 남해에 옮겨다 놓은 듯 오렌지빛 지붕의 집들이 수십 채 도열해 있다.

이곳이 독일마을이란 것을 보다 두드러지게 하는 독일 깃발이 마을 한가운데서 태극기와 함께 펄럭이는 모습은 묘한 분위기를 연출한다. 그 깃발을 등에 지고 눈을 조금 멀리 두면 쪽빛 남해가 아른거린다. 붉은 지붕과 쪽빛 바다의 조화는 시공간을 초월하는 듯한 기분을 전한다.

독일마을을 나서면 한 가지 고민을 해야 한다. 남해 여행의 마지막을 어떻게 마무리할 것인지가 결정 나기 때문이다. 북쪽을 택해 남해를 빠져나가는 방법과 다시 한 번 남쪽으로 돌아가는 방법이 있다. 하지만 남해까지 내려왔다면 조금 더 여유를 내 남해 편백자연휴양림에 들러보길 추천한다. 휴양림에는 편백과 삼나무가 2.27㎢(약 69만평)에 걸쳐 빽빽이 하늘로 치솟아 있다.

숲에 발을 딛자마자 지금껏 다녀온 휴양림과는 분명 차원이 다른 것을 느낄 것이다. 입구에 들어서는 순간 공기의 질, 밀도에서 확연히 차이가 있다. 청정함에 피톤치드가 얹어져 '맑음' 그 자체이기 때문이다. 요즘같이 미세먼지 등으로 인해 맑은 공기가 그리울 때 그만이다. 다만 워낙 피톤치드 삼림욕으로 유명해 하루 최대 305명만 들어갈 수 있으니 미리 확인하고 방문해야 한다.

매표소 옆 공용 주차장에서 맑은 계곡을 따라 산책로가 400m가량 이어져 있다. 계곡과 숲 사이로 난 산책로는 어린아이도 쉽게 걸을 만큼 야트막하다. 산책로를 지나면 멀리 한려해상국립공원의 크고 작은 섬이 보이는 전망대까지 오를 수 있다.

혹시 하룻밤 묵을 생각이라면 독채형, 콘도

남해 편백자연휴양림

형, 수련장 객실 등 다양한 형태의 숙박 시설 중 선택하면 된다. 아울러 캠핑을 즐기는 이라면 숲속 야영장으로 가도 좋다. 야영데크(3.6×3.6m) 20개가 캠핑족을 기다리고 있다.

휴양림이 있는 남쪽 대신 북쪽을 선택한 이들은 창선교 방면을 지나게 된다. 이때 다리 아래로 지나는 지족해협에 죽방렴의 대나무 발 그물이 대규모로 널려 있는 모습을 볼 수 있다. 죽방렴은 남해안의 좁은 수로에서 멸치를 잡는 데 쓰이는 어법이다. 죽방렴으로 잡은 멸치는 죽방멸치라고 해서 최상품 대접을 받는다. 무엇보다 신선도가 높고 비늘이 다치지 않아 비리지 않고 고소한 맛이 진하다. 창선교 아래 지족항에는 길이 100m, 폭 2m 도보교와 관람대가 있어 죽방렴의 구조를 한눈에 볼 수 있다.

남해 여행은 뭐니 뭐니 해도 멸치가 유명한 만큼 멸치 전문 식당에서 마무리하는 것이 제일이다. 멸치회무침은 남해에서 잡은 죽방렴 멸치에 미나리와 양파를 넣고 멸치와 매실 진액으로 간을 한다. 새콤매콤한 맛에 고소한 뒷맛까지 맛볼 수 있다. 멸치회무침을 상추에 싸 입에 넣을 때마다 청정 남해를 맛보는 듯 황홀경에 빠진다. 멸치의 본고장답게 멸치회와 멸치찌개·조림, 멸치구이, 멸치쌈밥 등 멸치 뷔페 성찬이 펼쳐진다.

경상남도 | 함안

붉은 노을에 취해보니,
'함안차사'라는 말뜻 알겠네

함안차사. 함흥차사의 오기가 아니다. 함안에 내려오는 전설 같은 이야기가 있다. 옛날 함안군의 한 노인이 죄를 지어 중앙에서 관리를 파견해 벌을 주려 했는데, 내려오는 족족 관료들은 임무에 실패했다. 노인의 딸인 노아의 미색에 반해 본분을 잊고 말았기 때문이었다. 믿거나 말거나 식의 이야기이지만, 함안의 재밌는 기록을 남긴 '함주지'라는 책에 써져 있다. 가보고 나서야 알게 됐다. 정녕 경남 함안은 저 '함안차사'라는 말처럼 잘 알려져 있지는 않지만 그래서 더욱 매혹적인 고장이었다.

국민가요 '처녀뱃사공'
영감을 준 남강의 붉은 노을

계절이 겨울을 향해 가고 있을 때 하루를 마감하는 해 질 녘 노을은 깊고 진하다. 여름철엔 해가 성큼 떠서 뚝 떨어지는데, 겨울로 갈수록 해는 산 중턱에 걸터앉아 느릿느릿 사라진다. 함안 남강 변에서는 해가 질 때 강에도 그 흔적을 남긴다. 유유히 흐르는 남강과 노을로 물든 가을 들녘을 감상하기 좋은 장소가 있다. 바위에 지은 악양루와 악양생태공원이다.

악양루에서 이 노을을 보고 가수 윤복희의 부친 윤부길 작사가는 국민가요 '처녀뱃사공'을 지었다. "낙동강 강바람이 앙가슴을 헤치면 / 고요한 처녀 가슴 물결이 이네"라는 가사의 낙동강은 사실은 남강이었다. 그 흔적이 함안군 대산면 악양생태공원에 비

악양루에서 바라본 석양

석으로 남아 있다. 공원에서 강변을 따라 데크로드를 걸으면 바위 위에 지어진 악양루가 나온다. 누각에 오르면 저 멀리 이어진 제방을 한눈에 감상할 수 있다.
생태공원에 조성된 핑크뮬리와 공원 입구에 문을 연 처녀뱃사공 카페도 요새 뜬 명소다. 핑크뮬리는 인증샷 명소로 인기를 끌고 있고, 카페는 배의 갑판을 형상화한 건물과 핑크뮬리와 꼭 닮은 색깔의 새콤한 음료를 내놓아 화제다.

모터보트 타고
풍경 구경하기 좋은
입곡저수지

함안 산인면 입곡리의 입곡저수지를 따라 삼림욕장이 조성된 입곡군립공원은 풍경이 수려하다. 여름에는 청량하고, 가을이면 완연한 빛을 낸다. 입곡저수지는 산을 따라 굽이굽이 물이 흐르는 모양새를 갖춰 호수라는 착각마저 불러일으킨다. 1시간 정도면 저수지 주변을 따라 산책할 수 있는데, 호수를 가로지르는 96m 출렁다리는 저수지 물결 위를 걷는 짜릿함을 선사한다. 정말로 물결 위를 원한다면 함안군에서 운영하는 아라힐링카페를 추천한다. 무빙(모터)보트를 타면 저수지 위를 유유자적 물 흐르듯 떠다닐 수 있다.

보트는 전기모터로 움직이는데 사람이 걷는 속도와 비슷하다. 간간이 비상하는 새들은 운치를 더하고, 운이 좋으면 호수 가운데 풀숲 근방에서 햇볕을 쬐러 온 자라를 볼 수 있다. 가운데 테이블에 주전부리나 커피를 놓고 도란도란 이야기하다 보면 어느새 출렁다리가 눈앞이다. 카페로 돌아오면 얼추 30분 정도 걸린다. 보트는 최대 8인이 탑승할 수 있다.

말은 '한라마'라는 종으로, 300kg 정도의 무게다. 말은 본인 몸무게의 80% 정도까지는 등에 태울 수 있어서 괜찮단다. 그럼 왜 하얀햇살이 "히잉~" 소리를 낸 걸까. 성격이 급해 천천히 도는 걸 지루해하기 때문이란다.

혼자 타는 것만 있는 게 아니다. 가족 나들이객에게는 독일에서 공수해온 '유럽 전통 클래식 마차'가 인기다. 6명까지 동시 탑승이 가능하다. 체험이 아닌 승마를 원한다면 직접 배울 수 있다. 1200여 명의 승마 회원이 경남에서 가장 큰 규모인 함안군 승마공원을 이용한다.

경남 최대 승마체험장서 말 타고 즐기기

오르기 미안했지만, 헬멧을 쓰고 안전조끼를 착용했다. 만반의 준비를 갖췄지만 체험자의 안전뿐만 아니라 말의 안위도 걱정되는 건 어쩔 수 없었다. 말 조련사가 천천히 끌자 기자를 태운 한라마 하얀햇살이 "히힝~"하고 연달아 소리를 내며 고개를 젓는다. 몸이 잠시 기우뚱해 말 머리를 보는데 뱃살이 눈이 걸린다. 무게가 무거워서 힘들어하는 거냐고 묻자 조련자는 담담하게 아니란다. 기자에게 허리를 내준 승마체험용

승마공원

경비행기

경비행기를 타고 하늘에서 보는 함안의 풍경

함안에 왔으면 아라가야에 대해서도 알아가야 한다. 함안은 부족 연맹국가 가야의 중심이다. 김해를 기반으로 한 금관가야나 고령의 대가야만큼이나 함안의 아라가야도 규모가 컸다. 1830여 개 가야 유적 중 190개 정도가 함안에서 나왔는데 이 숫자는 계속 늘고 있다. 특히 2019년 아라가야 추정 왕궁지인 함안 가야리유적이 사적 554호로 지정되면서 그 아래 함안군청과 함안박물관을 끼고 있는 말이산고분군까지 군 전체에 가야 유적지가 살아 숨 쉰다.

봉긋 솟은 고분이 듬성듬성 흩어진 게 아니라 37기 고분이 쭉 이어졌다. 그 경치가 수려하여 웨딩 사진 촬영지로도 인기다. 위에서 함안을 촬영한 항공사진이 인상적이어서 함안군에 문의했더니 경비행기 체험장이 있다고 한다.

바로 악양생태공원 인근 둑방길에 있는 경비행기체험장으로 갔다. 아쉽게도 기차 시간이 얼마 남지 않아 15분 남짓 짧은 시간 동안 남강 주변을 돌았다. 반쯤 수확을 마친 논의 풍경과 함안의 대표 농산물인 수박 하우스가 내려다보였다. 둑방길에 양귀비꽃이 만개하는 5~6월엔 체험자가 많아 조종사가 밥 먹을 시간도 없다고 했다.

함안군 고분

고려동 입구

지조와 절개의 고장, 함안

함안은 고집스러울 정도로 절개를 지킨 고장이다. 조선 초기 고려에 대한 충절을 지킨 이들이 송도 근처 두문동에 모여 살다가 남쪽으로 내려와 거처를 찾아 함안에 정착했다. 성균관 진사 이오를 주축으로 촌락을 꾸려 조선에서 벼슬을 하지 않았다. 담장을 두르고 논과 밭을 일궈 자급자족하며 그 후손들이 600년을 살았다. 한국전쟁 때 화재로 소실된 것을 재건하여 지금도 고려동이라 불린다.

무진정과 연못은 그림 같은 풍경을 선사하는데, 이곳에도 절개의 흔적이 남아 있다. 무진정은 조선시대의 문신인 조삼(趙參)이 기거하던 곳으로 후손들이 그의 덕을 추모하기 위하여 이곳 연못가에 정자를 건립하고 그의 호를 따서 무진정이라 했다. 연못가 옆에 효자와 애국자, 그리고 주인을 섬긴 노비를 기리는 비석이 있다.

서산서원도 빼놓을 수 없다. 조선시대 세조가 조카인 단종을 폐위하자 이에 반발한 생육신 중 한 명인 조려는 고향 함안에 돌아왔다. 이후에 유명한 정자 채미정 인근에 서산서원을 세워 생육신을 한 곳에 모셨다.

부록

된장 샤부샤부, 솔막걸리…
함안 토박이 추천 맛집 5곳

악양루 붉은 노을도 좋고 말이산고분군을 거니는 운치도 아름답지만, 허기가 질 때는 배를 두둑하게 채워야 한다. 함안군의 도움을 받아 토박이들이 즐기는 맛집을 찾아봤다. 함안에 왔으면 한번 먹어보자.

대영한우식육식당 - 된장 샤부샤부
된장찌개에 샤부샤부? 기발한 상상을 실제 음식으로 구현해 놓았다. 된장은 반은 구매하고 반은 직접 담근 것을 섞었다고 한다. 한우를 샤부샤부에 넣어 먹다 보면 육수가 더욱 진해진다. 국물이 짜지 않을 정도로만 자극적이다. 국물에 밥을 말아 먹으면 그야말로 밥도둑. 우동사리나 라면사리를 추가할 수도 있다. 주소는 경남 함안군 가야읍 충무길 63.

대구식당 - 짬뽕국밥
해장이 필요하다면 국밥촌에 가야 한다. 함안 직장인들이 점심 때 가장 발길을 많이 주는 곳이다. 국밥집은 세 곳이 있는데 여기부터 가득 찬다고 한다. 입안이 약간 얼얼할 정도로 매운 맛을 내는데 속이 확 풀린다. 두툼하게 썰어놓은 수육과 선지, 잔뜩 뿌려놓은 콩나물 등 재료가 푸짐하다. 밥과 짬뽕 중에 선택해야 하는 어려운 문제는 알아서 해결하시길. 주소는 경남 함안군 함안면 북촌2길 50-27.

된장 샤부샤부　　　짬뽕국밥

왕갈비탕   국시   명태전

쾌지나칭칭 – 왕갈비탕

갈빗대가 아기 팔뚝만 하다. 탕 그릇 안에 두 개가 꽂혀 있다. 어찌나 큰지 집게로 잡고 가위로 살을 발라내는 데만 한참 걸린다. 살 바르다 군침이 넘어간다. 갓김치, 깍두기와 먹기 딱 좋다. 신예 맛집인 쾌지나칭칭은 요즘 함안에서 핫하다. 줄 서서 대기하는 손님을 위해 식당 앞에 카페를 차려놨을 정도다. 왕갈비탕뿐 아니라 돼지갈비도 일품이다. 소고기처럼 부드럽다. 양념이 거북하지 않을 정도로만 달달하게 배어 있다. 주소는 경남 함안군 가야읍 새터길 168-2.

옛날국시 – 국시

옛 함안역 폐역 앞에 국숫집이 하나 있다. 큰 간판은 잘 보이지도 않지만 분명 식당이다. 포털에 검색해도 잘 안 나오는데, 평일 오후 4시에 손님이 제법 있는 것으로 보아 숨은 맛집이 분명해 보였다. 국물이 칼칼하고 면은 탱탱하다. 입만 대면 면이고 국물이고 호로록 빨려 들어간다. 근데 왜 국수가 아니라 국시인 줄 아시는가. 밀가루가 아니라 밀가리로 만들어서 그렇다. 농담이었다. 주소는 경상남도 함안군 가야읍 말산리 58-20.

진이식당 – 명태전, 솔막걸리

살이 꽉 찬 명태를 통째로 전으로 부쳐서 내어준다. 기름이 고소하게 배어서 자꾸 젓가락이 가는데, 명태 요 녀석은 미끄러지고 흘러내려 잘 잡히지 않는다. 먹는 속도가 더뎌진다는 얘기다. 이럴 땐 진이식당에서만 맛볼 수 있는 솔막걸리를 곁들이면 금상첨화다. 솔을 직접 따와서 막걸리를 제조한다. 식당에 막걸리 통이 네 개나 있는데 인기가 좋아 금세 동난다. 솔막걸리 맛은? 의외로 시큼새콤하면서도 구수하다. 주소는 경남 함안군 가야읍 밀산리 470-14.

경상남도 —— 45

4

경상북도

경상북도 | 성주

성주 힐링 여행
참외의 고장 성주의 숨은 힐링 스폿

경북 성주는 참외의 고장이다. 오죽하면 성주 8경에 참외밭이 들어가 있다. 처음엔 농담인 줄 알았다. 보통 경치 좋은 곳, 역사·문화적으로 의미 있는 곳을 고르고 골라 8경을 정하는데 웬 참외밭? 이상하다 생각했는데, 성주로 직접 내려가 눈으로 보고 귀로 들은 참외의 위력은 실로 대단했다. 참외 비닐하우스가 넘실넘실 바다를 이루고 한 해에만 5500억원을 벌어들인다는 참외의 고장 성주. 더 놀라웠던 건 성주 곳곳에 숨은 힐링 스폿이었다. 젊은 농부들이 촌에 들어가 폐목장을 감성 넘치는 캠프닉(캠핑+피크닉)장으로 꾸미고 옛 등산로를 가야 신화 테마를 입힌 산책로로 꾸몄다.

폐목장에서 캠프닉 명소로
깜짝 변신, 팜0311

성주하늘목장 팜0311은 성주읍에서 15km 떨어져 있다. 군청을 기준으로 차로 20분 걸리는 이곳은 지금 성주에서 가장 유명한 주말 나들이 장소다. 여국현 대표를 포함해 청년 5명이 18만평에 달하는 팜0311을 관리·운영하고 있다.

> "사람들이 와서 머물다 가는 공간을 만들고 싶었어요. 어떻게 하면 주변에서 농업하는 어르신들과 경쟁자가 되지 않고 더 나아가 현지 농산물을 팔아줄 수 있는 공간이 될 수 있을까를 고민했습니다."
>
> 여국현 농업회사법인 우리동네 대표

백마산(716m)과 고당산(603m)이 겹치는 벽진면 골짜기에 위치한 팜0311은 목장 용지를 재활용해 만들었다. 한때 소 1000마리를 사육하던 목장이 17~18년 동안 폐허처럼 버려져 있었다. 유휴시설을 재밌는 공간으로 만들어보자고 시작한 팜0311은 '촌캉스' '팜크닉'이 테마다. 4만평 규모로 밀밭을 일구고 직접 디자인한 텐트를 설치했다. 목장 직원들이 사용하던 기숙사는 직원 숙소로 꾸미고 카페도 지었다. 텐트에서는 숙박을 할 수 없고 오전 11시부터 오후 8시까지 머물다 갈 수 있다. 지역 농산물로 꾸려진 먹거리 키트를 판매하고 각종 체험도 진행하기 때문에 아무런 준비 없이 간편하게 팜크닉, 캠프닉을 즐길 수 있다.

팜0311에서는 토마토 백숙과 돼지고기 바비큐 등을 먹을 수 있다. 텐트 앞에는 각각 개수대와 솥뚜껑이 얹어진 화로가 설치돼 있어 직접 구워 먹으면 된다. 솥뚜껑이 특히 반갑다. 이제는 시골 할머니댁에 가도 볼 수 없는 솥뚜껑이 언젠가부터 TV 시골 예능 프로그램에서 자주 등장하더니 유튜브 등 각종 SNS 먹방 필수템으로 거듭났다. 기름이 코팅된 가마솥에 살코기가 척 달라붙어 지글지글 소리만 들어도 나도 모르게 군침이 돈다. 토마토 백숙은 팜0311에서 개발한 메뉴다. 토마토는 여 대표가 직접 농사를 지은 것이고, 쫀득쫀득 두툼한 껍질이 붙은

팜0311

돼지고기 역시 성주 지역에서 공수한 것이다. 토마토 백숙은 국물이 유난히 시원하다. 팜0311은 '꽃피는 3월부터 낙엽이 지는 11월까지 자연식 농업을 추구한다'는 의미를 담고 있다. 농장 뒷산에 2시간 코스 등산로도 조성하고 있어 가을쯤 오픈 예정이다. 등산로가 완성되면 도시락 세트도 판매할 계획이다. 포레스트 걷기 대회, 농로 마라톤 등 아이디어가 무궁무진하다. 2020년에

는 1만5000명, 2021년에는 4만명이 방문했다. 2022년에는 8만명 이상을 목표로 잡고 있다. 2021년에는 11번 다녀간 손님도 있을 정도로 단골이 많다. 한 번에 최대 55팀까지 받을 수 있는데 1년 평균 150일이 찬다.

정견모주길

가야 신화 품은 호젓한 산책로, 정견모주길

가야산은 경남 합천군과 경북 성주군에 걸쳐 있는 곳이다. 면적으로 치면 성주 땅이 더 많지만 보통 가야산을 합천으로 알고 있는 건 유명한 고찰 '해인사' 때문이다. 해인사가 합천 땅 가야산에 있는 탓에 가야산 앞에 성주 대신 합천을 붙이는 게 더 익숙하다. 주(州) 자가 붙은 지역 중 유일하게 시가 되지 못하고 군으로 남은 성주 사람들이 두 번째로 억울해하는 것이 바로 이 가야산이다. 가야산 전체 면적 중 67%가 성주 땅이고 가야산에서 가장 아름다운 만물상도 성주에 속한다. 합천 쪽은 경사가 완만하지만 성주 쪽은 곳곳이 바위로 덮인 암릉이고 가파르다. 그래서인지 진짜 산 타는 사람들은 가야산을 갈 때 합천보다는 성주를 택한다. 등산인이 아니더라도 성주 가야산의 매력을 느낄 수 있는 여행 코스가 있다. 가야산국립공원 입구에 위치한 '가야산역사신화테마관'으로 가면 된다. 2017년 개관한 가야산역사신화테마관은 가야국 창건신화 '정견모주 이야기'와 가야산 생태를 테마로 만들어졌다. 정견모주 이야기는 대략 이렇다. 정견모주는 가야 산신이었다. 백성을 위해 매일 기도하는 정견모주에게 감복한 천신 이비가지가 결혼을 결심하고 자식을 낳으니 첫째가 대가야의 시조 이진아시왕, 둘째는 김해로 내려가 금관가야의 시조 수로왕이 됐다는 전설이다.

테마관 주변으로 정견모주길이 조성돼 있다. 주변을 정비하고 산책길을 조성한 건 2019년 일이다. 테마관에서 시작해 숲을 걷고 다시 오는 데 1시간 정도가 걸린다. 이는 만물상으로 가던 등산로 일부를 산책길로 꾸민 거다. 길을 걷는데 해설사가 멧돼지 흔적을 일러줬다. 멧돼지뿐만이 아니다.

지리산에 방사한 반달곰이 이곳까지 온다고 한다. 길 중간에는 모여서 명상할 수 있는 너른 데크도 있었다.

나를 살리는 집, 아소재

가야산국립공원까지 갔다면 추천하고 싶은 집이 하나 더 있다. 국립공원으로 가는 길 초입에 있는 한옥 카페 겸 스테이 아소재다. 아소재가 문 연 지는 15년이 됐다. 이곳 엄윤진 사장은 그 나이 48세에 우연히 이 집을 발견했다.

> "빈집이었어요. 전세, 매매 놓는다는 플래카드 보고 바로 전화를 걸었어요. 그리고 곧장 계약하고 내려왔어요."
>
> 엄윤진 아소재 사장

차가 지나는 길보다 낮은 곳에 아소재가 있다. 입구를 지나치고 오르막에 다다르면 대나무 숲 사이로 아소재 지붕이 스쳐 지나간다. 색 바랜 중후한 기와지붕과 바람에 부대끼는 파란 댓잎이 공간을 더욱 신비롭게 만든다.

아소재는 지은 지 35년이 됐고 성우당과 소미재는 70년 정도 된 집이다. 처음엔 살림집으로만 생각했는데, 지금은 숙박업소와 카페로도 활용하고 있다. 엄윤진 사장은 여전히 이 집에 살면서 철마다 정원을 가꾸고 손님을 맞는다. 부엌이 딸린 소미재가 그의 처소다. 카페는 목~일요일에만 열고 숙박 문의나 예약은 전화로만 받고 있다. 서울에서 아이들을 가르쳤던 경력을 살려 2017년까지는 학생들 독서 캠프도 진행했었다.

"아소재(我蘇齋), 나를 살리는 집이라는 뜻이에요. 성우당(星雨堂), 별이 비가 되어 내리는 집. 성주가 별이 참 좋아요." 아무 연고도 없는 낯선 곳에서 '나를 살리는 집'에 살고 있는 엄윤진 사장 표정이 참 평온해 보인다.

아소재

성밖숲

성주를 지키는 숲, 성밖숲

이름 참 단출하다. 성 밖에 있어서 '성밖숲'이라고 부른 것이 아예 정식 명칭이 됐다. 성의가 없다고 할 수도 있지만 이렇게 이름에서나마 옛 풍경을 간직하고 있는 것이 외려 고맙다. 성밖숲이라는 이름 덕분에 이 언저리에 성주읍성이 있었겠거니 떠올려볼 수 있다.

성밖숲에는 300년에서 많게는 500년까지 나이를 먹은 왕버들 52그루가 자라고 있다. 기록에 따르면 성 밖 마을 아이들이 알 수 없는 이유로 죽어나갔고 이를 막기 위해 이곳에 왕버들을 심었다고 전해 내려온다. 이런 전설을 모르고 봐도 500년 된 왕버들은 신묘하게도 생겼다. 심하게 뒤틀린 육중한 몸통 표면은 마치 소용돌이가 치듯 질감이 살아 있다. 나쁜 기운을 막기 위해 저 땅 깊숙한 곳 뿌리부터 힘을 끌어모아 결계라도 치는 듯했다.

몇백 년을 같은 곳에서 꼼짝 않고 선 나무에서 이렇게 웅장하고 역동적인 움직임이 느껴질 줄이야, 새삼 놀라웠다. 성밖숲이 부드러워지는 건 8월에 맥문동 꽃이 필 때다. 짙어질 대로 짙어진 왕버들 녹음 아래 보랏빛 맥문동 꽃이 흐드러지게 피어난다.

성주호 둘레길, 부교 구간

성주호 둘레길은 총길이 23.9km에 달한다. 아라월드에서 시작해 성주호 둘레를 따라 걷는 '성주호길(9.2km)'과 독용산 길을 따라 걷는 '독용산성길(6.2km)' 구간을 많이 걷는다. 특히 성주호길 중 아라월드에서 금수문화공원 사이 3km 구간이 가장 인기다. 시원하게 펼쳐지는 성주호 옆 숲길을 따라 걷다가 호수 위에 떠 있는 부교를 지나 다시 깊은 숲으로 든다. 부교는 생각보다 짧지만 나름 독특한 풍경을 보여줘 걷는 맛이 있다.

성주 최고의 매화 명소, 회연서원

성주호 둘레길

1974년 경북 유형문화재 제51호로 지정된 회연서원은 조선 선조 때 유학자 한강 정구(1543~1620)를 모신 서원이다. 현재 서원 위치는 1583년 정구가 회연초당을 세우고 후학을 양성하던 곳이다. 1690년 숙종 때 현판을 사사받아 사액서원이 됐고 1868년 서원 철폐령에 따라 훼철됐던 곳을 1970년 복원해 지금의 모습으로 꾸몄다. 사당과 강의를 하는 강당, 기숙시로 쓰인 동재와 서재 등 예스러운 건물들이 봉비암 아래 옹기종기 모여 있다. 회연서원은 성주에서 가장 아름다운 매화 명소다. 담장을 따라 심어진 매화가 3월이면 만개해 그 어떤 꽃보다 먼저 상춘객을 그러모은다. 서원 안으로 산책길이 조성된 것도 남다르다. 짧은 산책로를 따라 계단을 오르면 봉비암에 닿는다. 이곳에서 바로 성

회연서원

성산동 고분군

주에서부터 김천까지 이어지는 무흘구곡이 시작된다.

입소문 자자한 나들이 장소, 성산동 고분군

성산동 고분군은 가야시대 만들어진 무덤이다. 1963년 사적 제86호로 지정된 이곳은 성산(389m) 능선에 위치한다. 성주가 가야의 땅이었다는 흔적이 바로 이 고분군에 있다. 나지막한 동산에 마련된 유채꽃밭에 서면 성주읍이 한눈에 내려다보인다. 참외를 키우는 비닐하우스가 끝없이 이어지는 진풍경도 이곳에서 마주할 수 있다. 산책하기 좋아 주변 유치원 아이들도 이곳으로 자주 소풍을 나온다. 2021년 5월 개관한 전시관도 인기다. 어린이 체험실이 있어 성주는 물론 대구와 구미에서까지도 아이들을 데리고 방문한다.

경상북도 | 봉화

한국의 스위스
봉화 오지 여행

> 경북 봉화는 오지 중의 오지다. 아마 '봉화'라는 이름을 처음 들어보는 사람도 많을 거다. 봉화는 낯설어서 더 매력적이다. 첩첩산중에 천년고찰도 있고 몇백 년 대를 이어 살아오는 집성촌도 있다. 냄새 한번 맡으면 그냥 지나칠 수 없는 별미 숯불구이까지, 봉화의 청정 매력을 소개한다.

고된 만큼 값지다,
풍경 맛집 청량사

국내에서 가장 좋아하는 절을 꼽으라면 봉화 청량사를 이야기한다. 그 안에 담긴 의미, 품고 있는 이야기 이런 것들을 차치하고 풍경만 놓고 보자면 청량사가 으뜸이다. 청량사 가는 길은 힘들다. 청량사 입구에 차를 대고 임도를 따라 곧장 절까지 오른다. 흙이 깔린 등산로가 아니라 오로지 절에 가기 위한 용도로 낸 길이라 짧은 대신 가파르다. 선선한 가을날에도 등줄기가 땀으로 범벅된다.

그렇게 다다른 청량사는 마치 다른 시공간에 존재하는 것처럼 보인다. '연꽃잎에 둘러싸여 수술 자리에 들어앉은 천하 명당'. 청량사를 마주하자마자 이 말뜻을 이해했다. 육중한 열두 봉우리에 둘러싸여 옹기종

청량사

기 모여 있는 절간은 멀리서부터 심상치 않은 기운을 내뿜는다. 모르긴 몰라도 그 옛날에 오지 중의 오지로 꼽히는 청량산에서 헤매다 이 절을 만났다면 이 세상의 것이 아니라고 생각했을 것이다.

청량사는 원효대사가 문무왕 3년(663년)에 창건했다고 전해진다. 처음 절을 지었을 때는 그 규모가 더 대단했다고 한다. 법당 등 건물이 총 33개에 달했지만 1000년이 넘는 세월을 지나오면서 현재 법당으로는 유리보전과 응진전만 남았다. 경사도가 심한 곳에 절을 짓기 위해 땅을 계단식으로 다져 건물 간 높낮이가 어마어마하고 건물 배치도 심상치가 않다. 3차원의 미로 같달까.

그나마 가장 너른 공간은 유리보전 아래 오층석탑 주변이다. 단을 정비해 탑을 바라보고 기도를 올리는 공간으로 만들었다. 탑은 벼랑 끝에 서 있다. 주변은 망망대해 같기도 하다. 풍경과 분위기에 압도당하고 기운에 눌려 잠시 혼이 빠져나갈 지경이다.

가던 길을 멈추게 하는 천하명당, 닭실마을

닭실마을의 기억은 묘하다. 읍내에서 가까워 이곳저곳을 오다가다 몇 번이고 지나쳤는데 그날은 달랐다. 뉘엿뉘엿 떨어지는 해를 보며 달리는 차 안 공기는 나른함 그 자체였다. 커브를 꺾고 여느 구간과 다를 것

닭실마을

없이 시선을 옮기는데 그때 닭실마을의 풍경이 눈에 들어왔다. 가을 햇살이 황금 들판에 내려앉아 가을바람을 타고 일렁거리는 모습에 마음을 빼앗겨 차를 멈추고 마을로 들었다.

닭실마을은 안동 권씨 중 충재 권벌(1478~1548)의 후손들이 일군 집성촌이다. 닭실마을은 본래 파평 윤씨 집성촌이었다. 기묘사화로 파직당한 충재 권벌이 어머니 파평 윤씨의 고향으로 돌아와 터를 잡고 살기 시작했다.

높이가 고만고만한 고택들이 나지막한 뒷산과 들판 사이에 들어차 있다. 민속촌인가 싶지만 실제 사람이 사는 살림집이다. 집과 산, 들과 물줄기 뭐 하나 거슬리는 거 없이 시선에 담기니 그림 같다는 생각이 든다. 너무 전형적이라 재미는 없지만 누구나 마음속에 하나쯤은 있을 그런 시골의 풍경이다. 그림 속으로 걸어 들어가 돌담길을 걷기 시작하면 이 보통의 풍경이 왜 이렇게 소중할까 곰곰이 생각에 빠져든다.

생각 끝에 내린 결론은 '봉화 효과'다. 봉화

에서 이런 평원은 흔하지 않다. 봉화군 면적은 서울의 두 배가량인 1201㎢다. 이 중 83%가 산이다. 봉화 사람들 대부분이 밭농사를 짓지만 이곳 닭실마을은 논농사를 한다. 오지 중의 오지로 꼽히는 봉화에서 첩첩산중, 산 능선을 한 겹 두 겹 걷어내고 펼쳐지는 황금 들판이 극적으로 다가오는 건 당연하다. 닭실마을을 간다면 석천계곡을 따라 마을 안쪽으로 걸어 들어가기를 권한다. 석천계곡 입구부터 닭실마을까지는 문화재청이 지정한 명승 제60호다. 길 처음부터 끝까지 울창한 소나무숲이 펼쳐진다.

김은연 할머니

이 냄새는 못 참지!
봉성마을 숯불돼지구이

봉성마을은 숯불돼지구이 마을로 특화됐다. 봉화군이 나서서 봉성마을 일대를 '봉성돼지숯불 토속음식단지'로 지정했다. 현재 마을에서 식당 6곳이 숯불돼지구이를 팔고 있다. 가장 오래된 곳은 김은연 할머니의 '원조 희망정 숯불구이'. 1949년생이신 할머니가 1976년부터 지금까지 장사를 하고 계신다.

숯불돼지구이 마을이 된 건 1980년의 일이다. 당시 은퇴한 군수가 숯불돼지구이 단지를 조성하겠다고 나섰다. 가게는 2곳에서 8곳으로 늘었다. 1990년대부터 2000년대 초까지가 가장 번성했던 시기다. 하루 5만원을 주고 알바생을 10명씩 썼을 정도로 장사가 잘됐다.

부산이 고향인 김은연 할머니는 처음 이곳에 왔을 때 풍경을 생생하게 기억한다. 옛날 이곳에는 우시장이 크게 열렸다. 경북 북부지방에서 가장 규모가 큰 봉성 우시장 옆에는 돼지 잡는 곳이 있었다. 워낙 상인들이 많이 모이는 곳이니까 장사꾼을 상대로 돼지구이를 팔고 하던 것이 봉성마을 숯불돼지구이의 시작이었다. 마을 주민들은

숯불돼지구이

집집마다 돼지를 쳤다. 1970년대 당시 막걸리 한 되가 100원, 돼지고기 1근은 700원, 구워서 팔면 900원을 받았던 시절이다. 봉성마을에서는 잡내가 덜한 암돼지를 쓰고 참나무와 소나무 숯을 섞어서 사용한다. 마을 주변에 하도 소나무가 많아 옛날부터 땔감과 숯으로 흔하게 쓰였다. 뜨거운 화로 앞에서 고기를 구워낸 다음 솔잎을 깔아 손님상에 낸다. 텃밭에서 직접 길러 만든 밑반찬과 된장 등 곁들여 먹는 음식들도 정갈하고 맛있다.

경상북도 | 울진

삼림욕, 해수욕, 온천욕…
3욕 갖춘 힐링 여행지

울진은 삼욕(三浴)을 갖춘 고장이다. 삼욕은 삼림욕, 해수욕, 온천욕을 이른다. 서쪽으로 태백산맥 자락이 내려오고 동쪽으로 동해를 접한 울진은 예로부터 수려한 경치로 칭송받았다. 송강 정철은 관동팔경이라 하며 대관령 동쪽 명승지 8곳을 꼽았는데, 이 중 월송정과 망양정이 울진에 있다. 해안도로를 따라 이동하면 1초도 눈을 떼기 어려운 풍경이 펼쳐진다. 넘실대는 파도를 보고 있자니, 당장이라도 뛰어들고 싶은 욕구가 꿈틀댄다. 여름에는 '풍덩' 해수욕을 하고, 지치면 바다 옆 숲길에서 삼림욕도 해볼 만하다. 걷다 지치면 온천욕 차례다. 백암온천과 덕구온천에서 뜨끈한 물에 들어가 노곤한 몸을 녹일 수 있다.

삼림욕:
천년 고찰 불영사 가는 길

울진은 미세먼지 청정구역이다. 공기가 맑아 하늘과 바다, 그리고 숲까지 더욱 색이 진하다. 시원한 공기를 마시면서 거닐기 좋은 길도 여러 군데 있다. 불영사로 향하는 길도 그중 하나다. 불영사는 경주 불국사의 말사로 조계종 제11교구다. 651년 신라시대인 진덕여왕 때 창건했다는 설화가 전해지고, 현재는 여성 스님들이 수행하는 비구니 사찰이다.

불영사로 가는 1km 남짓한 흙길은 2012년 문화체육관광부가 선정한 '한국인이 꼭 가봐야 할 관광지 99곳'에 포함됐다. 일주문을 지나 쭉쭉 뻗은 금강송과 바위산이 어우러진 절경을 감상하며 걷다 보면 어느새 불영사에 도달한다. 불영사계곡의 우렁찬 냇가

소리가 귓가에 맴돈다. 불영사 입구엔 마치 거울처럼 불영사 풍경을 비춰주는 연못이 자리한다. 부처 형상의 바위 그림자가 이 연못에 비친다고 해 불영사라 불리게 됐다.

대웅전 안에는 꼭꼭 숨어 있는 재미가 있다. 대웅전 입구에 거북이 두 마리가 목을 내놓고 있는데, 몸통이 대웅전 내부 천장에 작은 형태로 들어가 있다. 불영사가 화재로 소실되는 일이 하도 빈번하자 거북으로 화기를 누르려 대웅전으로 오르는 계단 옆에 두었다. 그래도 화재가 계속되자 대웅전 내부에 몸통을 넣었다. 희한하게 몸통이 자리한 이후로는 불이 나지 않았다. 옛 선조의 해학이 지혜인 듯 예사롭지 않게 다가온다.

불영사 인근 성류굴도 들러볼 만하다. 성류굴은 총길이가 870m로 주굴이 330m, 주굴에서 이어지는 지굴이 540m이며, 현재 일반인에게 개방된 구간은 270m다. 안전모를 착용하고 허리를 잔뜩 숙이고 굴속으로 들어가면 여러 가지 모양을 한 기암괴석을 관찰하는 재미가 쏠쏠하다. 사랑의 종, 로마의 궁전, 성모마리아상 같은 이름을 붙였는데 자세히 보면 그렇게 보인다. 아주 그럴싸하다. 신라의 화랑이 횃불을 밝히고 결의를 다졌고, 진흥왕도 즉위 5년 전 '김진흥'이라는 이름으로 방문한 흔적을 벽에 새겼다. 임진왜란 땐 백성 500여 명이 왜적을 피해 숨어들었다가 입구가 막혀 굶어 죽

불영사

성류굴

었다는 슬픈 사연도 간직하고 있다. 동굴은 겨울철에는 상대적으로 실외보다 따뜻하고, 여름철에는 시원해 아이들과 구경하기도 좋다. 박쥐를 비롯해 50종이 넘는 동물이 서식하고 있다. 개방 구간의 끝 무렵 물속에 석순이 있는데, 그 주위를 물고기가

등기산 스카이워크

촛대바위

유유히 배회한다. 성류굴은 11월부터 2월까지는 관람 시간이 오전 9시부터 오후 5시까지다. 마감 30분 전에 입장을 종료한다.

해수욕:
관동팔경과 등기산 스카이워크

해안도로를 따라 달리는 버스 안, 고목에 매미 붙듯이 다들 창문가 자리를 차지했다. 해안가 자리 창밖으로 일렁이는 파도가 가슴을 요동치게 만든다. 버스에서 뛰어내려 달려들고 싶을 만큼 매혹적이었다. 울진 북쪽 망양정에서 남쪽 후포항까지 102km 해안도로를 달리다 보면 차를 잠시 세우고 싶은 마음이 끊임없이 든다. 정말로 잠시 멈춰서 촛대바위나 망양휴게소에서 파고를 감상할 수도 있다. 촛대바위는 도로를 건설할 때 어려움을 감수하고 남겼는데, 바위 위에 소나무 한 그루가 서 있는 모양이 꼭 촛대 같아서 관광객의 발길을 끈다. 망양휴게소는 풍경 명소로 손꼽히며 '가장 아름다운 휴게소'라는 명성을 얻었다.

진득하게 옛 성현의 정취를 느끼려면 아무래도 관동팔경에 발길을 주어야 한다. 관동팔경 중 하나인 월송정은 고려시대에 처음 지어진 누각이다. 처음 세워졌을 땐 경치 감상용 누각이 아니라 왜구의 침입을 감시

망양정 풍경

하는 초소로서 역할이 강했다. 그렇지만 비가 갠 후 달빛이 비칠 때 풍경이 아름다워 달빛과 어울리는 솔숲이라는 뜻이 붙었다. 또 다른 속설은 신선이 솔숲을 날아 넘어왔다는 내용이다. 두 가지 모두 경치를 칭송하는 의미에는 차이가 없다. 월송정의 아름다움을 찬미하는 시 중 "난간에 기대어 깨닫지 못하는 사이 오래 침음하니, 졸필이라 만에 하나도 형용하기 어렵기 때문이라네"라는 구절이 있다. 목은 이색의 아버지 이곡이 남긴 시구다. 그는 고려시대 원나라 때 과거에 급제해 실력을 인정받은 문장가다. 그런 문장가조차 아름다움을 형언하기 어려운 한계를 자각하고 자신을 책망했던 것이다.

조선시대 임금 숙종이 정자에서 바라보는 경치가 관동팔경 가운데 으뜸이라 한 망양정도 빼놓기 어렵다. 숙종은 '관동제일루(關東第一樓)'라는 현판을 하사했다.

망양정에 올라서 바다를 보는 풍경은 은빛 모래와 동해, 그리고 1만여 그루 소나무가 어우러진 선경이다. 저 파도를 타고 신선이 넘어오고, 왜구가 침입하고, 간첩이 잠입하더니 이제는 관광객이 몰려든다.

요즘 뜨는 명소는 등기산 스카이워크다. 하늘에서 바다를 내려다볼 수 있는 그야말로 신선놀음이다. 등기산 공원에서 갓바위 공원으로 난 해상교량으로 높이는 20m이고 전체 길이는 135m에 달한다. 강화유리가 설치된 57m 구간이 핵심이다. 덧신을 신

해안 풍경
ⓒ 한국관광공사

고 스카이워크를 걸으면 투명한 유리 아래로 파도치는 동해를 볼 수 있다. 애써 태연한 척하려 했지만 "무서워, 무서워"란 생각이 경망스럽게 입 밖으로 튀어나오고 말았다. 그만큼 짜릿했다. 전망대까지 가면 의상대사와 선묘낭자의 애틋한 사랑을 표현한 조형물을 만날 수 있다. 월요일과 비바람이 심한 날은 휴장한다. 이용 시간은 오전 9시부터 오후 5시까지(11~2월).

온천욕:
백암온천과 덕구온천

삼림욕과 바다 감상 이후에는 온천욕을 즐길 차례다. 백암온천은 무색무취한 53도의 온천수로 온천욕을 즐기기에 적당하다. 신라시대 사슴이 상처를 치유하고 도망치자, 이를 수상히 여긴 사냥꾼이 사슴이 누워 있던 자리에서 뜨거운 샘이 용출하는 것을 발견했다는 전설도 남아 있다. 이후 인근 백암사의 스님이 돌무더기로 탕을

해안 풍경

덕구온천

만들어 환자들을 돌보았다는 이야기도 함께 전해진다.

백암온천지구에는 호텔과 여관, 콘도, 연수원 등이 있어 숙박도 편리하다. 백암온천은 대단위 온천단지로 온천 관련 업소뿐만 아니라 일반 음식점이나 가정에서도 모두 온천수를 사용할 만큼 풍부한 수량을 자랑한다.

우리나라 최초의 보양 온천인 덕구온천은 42.4도 온천수 2000여 t이 날마다 자연 용출한다. 물을 데우거나 섞지 않는다. 스파시설까지 갖춰 온천욕에 물놀이를 겸할 수 있다. 덕구온천리조트 콘도 뒤로 덕구테마계곡 등산로가 조성돼 있다. 덕구계곡을 끼고 온천수를 공급하는 원탕을 거쳐 응봉산으로 이어진다. 원탕까지 4km 거리지만 등산로가 평탄해 어르신과 아이들도 어렵지 않게 오른다. 등산로 입구에서 1.5km 남짓 떨어진 용소폭포도 볼거리다.

부록

되게 맛있다!
울진 대게 먹고 가자~

울진은 먹거리가 풍부하다. '되게' 맛있는 대게를 비롯해, 각종 해산물이 여행객의 주린 배를 채워준다. 하나하나 찬찬히 음미하면 여행하는 즐거움이 두 배, 아니 세 배 이상 된다.

대게

대게

'울진 대게'가 뭐야? 영덕 대게 아니야? 대게는 대게일 뿐 잡힌 항구도시에 따라 앞에 원산지 개념으로 이름을 붙였을 따름이다. 그렇다면 대게는 왜 대게인가. 대게는 큰 게를 이르는 말이 아니라, 몸통에서 뻗어 나온 8개의 다리 마디가 마른 대나무를 닮아 대게로 불린다.

대게는 연안에서 잡힌다. 그럼 홍게는? 홍게는 연안이 아니라 원해에서 잡힌다. 붉은빛이 선명해 붉은대게라고도 한다. 깊은 바닷속에서 자라 껍질이 더 단단하고 짠맛이 강하다. 대게는 홍게에 비해 달아서 아이들이 더 좋아한다. 대게 중에 최상품은 박달대게다. 속이 박달나무처럼 단단하게 차고 맛과 향이 뛰어나다. 박달대게는 배 한 척이 하루 2~3마리만 낚을 정도로 귀하신 몸이다.

대게가 되게 맛있는 때는 1~2월이다. 11월부터 잡는 대게는 통상 5월까지 먹는데, 설을 지나야 살이 통통 오른다. 그 증거는 대게 다리 껍질을 가위로 3분의 1 정도 으깨고 꺾어서 쭉 살만 발라내려고 해도 쉽게 살이 쏙 빠지지 않는 점이다. 기술이 부족해서가 아니라 살이 꽉 차서 껍질에 들러붙었기 때문이다.

줄가자미세꼬시   문어

줄가자미세꼬시와 문어

울진군 최남단 후포항 인근에는 악천후가 아닌 날에는 아침마다 장이 열린다. 국산 대게의 40%가량이 이곳에서 유통된다. 왕돌회수산을 비롯한 식당에서 맛 좋고 신선한 울진 대게를 바로 음미할 수 있다. 겨울철에만 살이 연해져 세꼬시로 먹을 수 있는 줄가자미세꼬시와 문어도 별미다. 세꼬시는 연한 회에 뼈가 살짝 묻어 있어 씹는 재미가 있다. 문어는 세 가지 맛이 느껴진다. 빨판은 꼬들꼬들하고 다리는 쫀득쫀득하고, 몸통은 흐물흐물하다. 왕돌회수산(울진군 후포면 울진대게로 119-1, 054-788-4959)

맑은 아귀탕

국물 음식이 당긴다면 맑은 아귀탕이 좋다. 몸통 살이 닭고기로 치면 가슴살처럼 포만감을 준다. 어두육미라는 말마따나 머리 부분도 감칠맛이 난다. 반면 꼬리 부분은 족발 앞다리의 비계 부위처럼 살이 붙어 있는데, 콜라겐이 풍부하여 영양도 만점이란다. 뽀얀 국물은 전혀 비리지 않다. 부두즉석회집(울진군 죽변면 죽변항길 111-1, 054-783-7745)

해칼국수

해칼국수는 홍합과 조개, 그리고 사람당 한 개씩 가리비를 올려준다. 말 그대로 바다를 냄비 안에 오롯이 담아냈다. 고추와 채소를 풍성하게 넣어줘 국물 맛을 매콤하게 잡아준다. 국물이 끝내주게 얼얼한데 먹다 보면 손도 얼얼하다. 국수를 집어 올리고 잔뜩 들어간 홍합과 조개에서 속을 꺼내느라 엄지와 검지 사이가 쑤셨다. 그럼에도 입과 혀가 호강하느라 젓가락질을 멈출 수 없게 만든다. 망양정회식당(울진군 근남면 산포리 716-6, 054-783-0430)

맑은 아귀탕   해칼국수

5

대구

대구

대구 김굉필 여행
현지인도 잘 모르는 대구 여행

대한민국 대표 소비도시로 꼽히는 대구는 여행지 이미지가 약하다. 얕게 봐서 그렇다. 깊숙이 들여다보면 대구는 권역별로 주제별로 여행할 거리가 많은 동네다. 조선시대 성리학자 '한훤당 김굉필'의 발자취를 따라가는 이색 여행도 있다. 김굉필을 기리는 서원(도동서원)과 김굉필의 직계 후손이 사는 고택(한훤당고택), 그리고 풍류를 즐기던 정자(이노정) 등은 현지인도 잘 모르는 숨겨진 장소들이다. '김굉필'을 따라 둘러본 대구는 옛것과 지금이 공존하는 살아 있는 역사를 생생하게 보여준다.

유네스코가 지정한 대구의 정신유산, 도동서원

2019년 7월 유네스코는 '한국의 서원'을 세계유산 목록에 등재했다. 경북 영주 소수서원(1543년), 경남 함양 남계서원(1552년), 경북 경주 옥산서원(1572년), 경북 안동 도산서원(1574년), 전남 장성 필암서원(1590년), 대구 도동서원(1605년), 경북 안동 병산서원(1613년), 전북 정읍 무성서원(1615년), 충남 논산 돈암서원(1634년) 9곳이다. 대구 도동서원은 특히 '전형적 경사지 서원의 일렬 건축 배치'를 서원의 중요성으로 인정받았다. 도동서원은 대니산 서북쪽 끝자락에 낙동강을 내려다보는 전형적인 배산임수 명당에 들어앉았다.

도동서원 주차장에 뿌리내린 은행나무가 시선을 빼앗는다. 서원이나 향교에 가면 오

도동서원

래된 은행나무가 있다. 공자가 은행나무 아래 행단(杏壇)에서 제자들을 가르쳤다 해서, 선현들도 배움이 있는 곳에 은행나무를 심었다. 가을이 되면 어김없이 어마어마한 노란 융단이 깔리는 장관을 연출한다.

한훤당 김굉필 선생은 1454년 서울 정릉에서 태어났다. 김굉필은 김종직의 제자로 정몽주~길재~김종직~김굉필로 이어지는 조선 성리학의 맥을 이은 인물이다. 1498년 무오사화 때 유배됐다가 1504년 갑자사화 때 사약을 받았다. 2년 뒤 중종반정 후에 업적이 재평가되면서 정여창, 조광조, 이언적, 이황과 함께 '조선 5현'으로 불렸다.

돌계단을 올라 수월루를 통과한다. 수월루는 최근에 손을 본 건물이다. 불에 타 터만 남은 것을 1974년에 다시 지었다. 그래서인지 단청이 짙은 것이 새것 티가 난다. 2층에 오르면 멀리 거대한 은행나무 사이로 낙동강 물줄기까지 내려다보인다. 수월루를 경계로 시공간이 확 달라지는 느낌이다. 환주문을 끼고 있는 야트막한 담장 안 무채색 건물들이 차분한 느낌을 준다. 참, 이 담장도 보물이다. 전국 담장 중 최초로 1963년 보물(제350호)로 지정됐다.

환주문은 좁고 높이가 낮다. 169cm로 웬만한 사람들은 고개를 숙이고 통과해야 한다. 자연스레 겸손한 마음이 든다. 고개를 낮추자 발아래로 시선이 가는데, 어여쁜 꽃봉오리 모양 돌이 보인다. 문 가운데를 고정하는 정지석도 정성스럽다. 서원으로 들어가기 전 숨을 고르고 한 박자 멈춰 몸과 마음가짐을 바르게 하라는 의미가 담겨 있다.

환주문을 통과하고 성면에 보이는 것이 중정당이다. 기단이 높고 폭이 좁아 발걸음이

도동서원

까래와 기둥 등 나무는 금강송으로 배에 싣고 낙동강을 통해 실어왔다. 중정당 기단은 마치 퍼즐처럼 각각 다른 돌을 쌓아 올렸다. 모양이 전부 제각각인 것은 이 돌들이 전국에서 몰려든 학생들이 각자의 고향에서 짊어지고 온 것이기 때문이다. 스승을 추모하고 기도하는 마음으로 기단을 올렸다. 각양각색 돌들이 마치 색 바랜 조각보처럼 정겹다.

기단에는 용머리 네 개가 있는데 이는 과거에 급제해 등용하라는 의미와 물을 상징해 목조 건물을 화재로부터 지켜준다는 의미를 담고 있다. 지붕을 받치는 기둥 위쪽엔 흰색 띠를 둘렀다. 상지라고 하는데, 멀리서도 이곳이 성인을 모신 서원이라는 것을 한눈에 알아보도록 하기 위한 장치다. 상지를 두른 곳은 전국에서 도동서원이 유일하다.

중정당 뒤 가장 높은 곳에 사당이 위치한다. 제사를 지내는 곳으로 보통 때는 문을 잠가둔다. 동쪽과 서쪽 벽에 '강심월일주' '설로장송' 벽화가 눈에 띈다. 벽화는 군자의 절개를 표현했는데, 누가 그린 건지는 기록이 남아 있지 않다.

사당에서부터 온 길을 되짚어 나간다. 올라갈 때보다 내려가는 길이 더 느리다. 한 곳 한 곳 문을 통과할 때마다 돌아온 길을 되돌아본다. 중정당과 내삼문 그리고 사당 등 서원을 구성하는 주요한 건물들이 일직선

저절로 조심스러워진다. 중정당에는 '도동서원'이라고 적힌 편액 두 개가 달려 있다. 선조가 내린 사액 현판은 검은 바탕으로 안쪽에 걸려 있고, 검은 글씨로 적힌 건 퇴계 이황의 글씨를 각자해 새겼다. 도동서원은 1568년 현풍 비슬산 기슭에 최초로 '쌍계서원'이라는 이름으로 세워졌다가 1597년 정유재란으로 소실됐다. 지금 자리로 옮겨온 건 1605년의 일. 당시 '보로동서원'으로 이름을 바꿨다가 1607년 선조로부터 '도동서원'으로 사액을 받았다.

도동서원은 건축미가 아름다운 곳이다. 서

으로 자로 잰 듯 반듯하게 배열돼 있다. 더 신기한 건 깊이감이다. 가장 안쪽에 있는 사당으로 갈수록 점차 지대가 높아져 들어가면 들어갈수록 점점 몰입된다. 도동서원이 우리나라 서원 건축 중 가장 전형적이고 완성도 있는 서원으로 꼽히는 이유다.

창과 문을 통해 지나온 풍경이 네모반듯하게 액자처럼 담기는 것이 보면 볼수록 신기하고 어여뻐서 쉬 발걸음이 떨어지지 않는다. 담장과 지붕의 가로선, 건물과 문 모서리와 기둥의 세로선이 건물을 둘러싼 공간마저 네모반듯하게 재단하는 느낌이다. 하나의 건물이 아닌 서원 공간 전체에서 기하학적 미가 느껴지는 신기한 경험이다.

이노정

그 시절 대학자들이
풍류 즐기던 곳, 이노정

이노정은 대구광역시 문화재자료 제30호로 한훤당 김굉필과 정여창이 시를 읊고 풍류를 즐기던 자그마한 정자다. 이노정은 현재 김굉필의 후손들이 관리하고 있다. 급히 한훤당 선생의 20대 직계손 김백용 씨에게 연락을 했다. 김백용 씨를 포함한 한훤당 선생의 후손들은 이노정에서 차로 10분 거리에 있는 지동마을(못골)에 한훤당고택을 중심으로 모여 살고 있다.

낙동강을 바라보고 높은 언덕 쪽에 위치한 이노정. 그 옛날 김굉필·정여창이 이곳에서 시를 읊고 풍류를 즐기던 시절엔 이노정 코앞까지 낙동강이 흘렀단다. 지금은 강둑을 따라 자전거길이 나 있다. 낚시를 하는 사람들도 몇몇 보인다. 평소 이노정의 문은 굳게 닫혀 있다. 관람객이 있을 때 관리인 혹은 김백용 씨가 직접 와서 문을 열어준다. 항시 개방을 하면 이곳에 몰래 들어와 술을 먹고 추태를 부리는 사람이 많다고 한다.

김굉필과 정여창을 추모하는 석채례가 격년마다 이곳에서 열린다. 김굉필·정여창 후손들이 이곳에서 모여 함께 제를 올린다. 500년 전의 인연을 그 후손들이 이어오는 것이다. 이노정은 규모가 작다. 건물이 처음 지어진 시기는 명확하지 않다. 다만 김굉필과 정여창이 유배된 시기일 것으로 추정한다. 지금의 모습은 1885년 다시 지어진 모습이다. 건물을 마주하고 보면 데칼코마니처럼 좌우 대칭이 뚜렷하다.

대구 최고 명문가의 집, 한훤당고택

한훤당고택이 지금 자리로 온 건 1779년일이다. 김굉필의 11세손이 현풍읍 지리에 이주하면서 한훤당고택을 중심으로 서흥 김씨 집성촌이 형성됐다.

솟을대문으로 향하는 길 옆으로 은행나무 보호수가 보인다. 나무 주변에 꽤 넓은 공터가 있는데 주차장으로 사용된다. 솟을대문은 권위의 상징이다. 높고 웅장하다. 가마를 타고도 출입할 수 있어야 하고 말이 끄는 마차도 드나들어야 하기 때문에 높게 지었다. 한훤당고택의 규모는 1010평. 집 가장 안쪽에 사당이 있고 그 밑에 안채, 그리고 서재 등이 위치한다. 김백용 씨가 어릴 적엔 보통 3~4대, 30식구가 살았다. 김백용 씨는 한훤당의 20대 종손이다. 중·고등학교 국어 선생님으로 34년 동안 재직하다 2004년에 퇴직한 그는 이듬해 종택에서 인문학 강의를 열기 시작했다.

한국전쟁 전 지동마을은 70여 채 기와집이 꽉 차 있는 고즈넉한 동네였다. 전쟁이 났을 때 김백용 씨 나이가 여섯 살. 가족들을 따라 청도로 피란을 갔다. 그때 봤던 기억이 아직도 잊히지 않는다고 했다. 낙동강 양쪽 강변을 따라 핏물이 끊임없이 흘러내렸다. 마을에서 가장 크고 부유했던 한훤당고택은 북한군이 차지했다.

한 달 정도 피란을 마치고 집으로 돌아왔더니 성한 곳이 없었다. 마을엔 시체가 즐비했다. 사람 살 곳이 못 된다고 판단한 몇몇은 대구 도심으로 부산으로 뿔뿔이 흩어져 현재 13가구만 남았다. 김백용 씨가 어릴 적엔 집 안에 방앗간이 있었더랬다. 마을 사람들이 다 이곳에서 디딜방아를 이용해 곡식을 빻아 갔다.

한훤당고택

대구

힙한 골목·컬러풀·스파이시…
3色 매력의 대구

> 북성로 '꽃자리다방' 맞은편, 골목길 지나면 이국 풍경 짝~
> 불로동 고분공원 · 대명유수지 갈대밭…
> 화끈한 먹거리는 덤

고담 시티. 한때 인터넷에서 대구를 일컫는 표현이었다. 할리우드 영화 '배트맨'에서 대도시이지만 칙칙하고 어두운 뒷골목을 간직한 가상의 공간인데, 뉴욕 시티를 연상케 했다. 한국에서 칙칙한 느낌이 꼭 대구 같다는 의견이었다. 음침한지 모르겠으나 대구는 골목이 수두룩하다. 중구에만 1000개가 넘는다. 직접 가서 본 대구는 탱글탱글한 사과처럼 화사했다. 대한민국 3대 도시 대구 시티의 매력을 3가지 뽑아봤다.

대구는 힙한
골목 도시다

대구는 골목 도시이다. 이런저런 이름이 붙은 골목이 즐비하다. 구도심이자 레트로 감

북성로공구빵

대화의 장

다. 1950년대 대구 바닥을 주름잡은 멋쟁이 구상 시인이 1956년에 '초토의 시' 출판 기념관을 연 다방으로, 지역 문인들의 사랑방 노릇을 톡톡히 했다. 구상 시인은 손이 컸다. 지역의 가난한 예술가들에게 밥과 술을 쏘고 다녀서 그가 나타나면 "오늘 목에 기름칠하겠다"는 반응이 절로 나왔다. 꽃자리다방 맞은편에 미로 같은 골목을 통과하면 신세계가 펼쳐진다. 이국적인 풍경과 실험적인 식음료점이 늘어선 '대화의 장'이다. 옛날에 여관으로 쓰던 대화장에서 이름을 따왔다. 젊은 창업가들이 들어와 힙한 감성을 뿜자, 대구 젊은 멋쟁이들이 호응해 다 이곳에 모여 있는 듯했다.

대구는 컬러풀!
화사함 그 자체

반짝반짝 빛나는 사과 빛깔처럼 대구는 화사하다. 대구는 뻔한 회색빛 아파트를 못 견디는 도시다. 고속도로를 지나가다 깜짝 놀라 눈이 휘둥그레졌다. 총천연색으로 칠해진 난생처음 보는 외관이었다. 대구시 달서구 유천동 월배 아파트였다. 국내 섬유산업의 중심인 활기찬 대구를 곡선 페인트로 표현했다. "대구 사람들이 빨간색 같은 화사한 옷을 좋아해요. 섬유도시라서 그런 거

성이 물씬 풍기는 중구에서도 요즘 핫한 지역은 북성로다. 원래 공구 골목이었고, 지금도 공구 상가들이 명맥을 유지하고 있다. 여기에 착안해 주물 빵틀로 귀여운 공구빵을 내놓은 북성로공구빵도 있다. 젊은이들이 몰리는 이유는 서울 을지로와 유사하다. 힙하기 때문이다.

북성로의 대표적인 명소는 꽃자리다방이

대명유수지

같아요." 이영숙 대구시 문화관광해설사의 말이다.

야경도 한국에서 보기 드물다. 붉은 노을이 산으로 둘러싸인 대구에 내려앉은 모습은 한강 낀 서울이나 바다 낀 부산과는 다른 아늑한 감상에 젖어 들게 한다. 서울로 치면 남산에 비견할 앞산의 해넘이 전망대에 오르면 해발 1000m가 넘는 팔공산과 비슬산으로 둘러싸이고 금호강, 신천이 흐르는 대구시 전경을 볼 수 있다.

대구의 외곽으로 가면 형형색색 색다른 풍경이 눈을 즐겁게 해준다. 우선 동북쪽 동구의 불로동 고분공원이다. 멀리서 보면 올록볼록한 화장지처럼 귀여운, 금방이라도 텔레토비 친구들이 튀어나올 것 같은 동산이다. 공원은 대구 올레 팔공산 6코스와 길이 연결된다. 팔공산 자락에 위치한 봉무공원도 지근거리에 있다. 인공저수지인 단산지 주변 산책로와 탐방로를 따라 곳곳에 8000여 포기의 야생화와 야생초가 있다. 산책로는 3.5km로 40분 정도면 한 바퀴 돌 수 있다.

대구시 서쪽 달성군의 화원유원지 전망대에 오르면 낙동강과 금호강이 합류하는 지점을 조망할 수 있다. 북미와 남미 대륙 모양을 꼭 닮은 습지가 보인다. 멀리서 봐도 이쁘지만 가까이서 보는 맛도 있다. 근처 대명유수지는 대구시와 고령군에 걸쳐 있는 364만m^2(약 110만평) 규모의 습지 중 28만m^2(약 8만4000평)인데, 바람을 간지럽히

듯 흔들리는 갈대밭이 장관이다.
다시 구도심 중구로 눈을 돌리면 김광석거리와 수성못이 데이트 코스로 각광받는다. 가객 김광석은 대구에서 태어나 방천시장 근방에서 유년기를 보냈다. 그 인연으로 바로 옆 거리에 김광석 다시 그리기길을 조성했다. 벽마다 김광석의 노래와 말, 그리고 밝은 얼굴이 담겨 있다. 수성못은 인공저수지였는데, 갈대, 붓꽃 등 수변식물과 연꽃, 꽃창포 등 수생식물이 피어 있고 산책로가 조성되어 있다. 근처에 아기자기하고 예쁜 카페도 많아 시민들의 여가 공간으로 사랑받는다.

무침회

찜갈비

풀짜장

대구는 매운맛!
스파이시(市)다

대구 사람들은 박력이 있다. 대구 먹거리의 특징도 화끈함이다. 대구 10미(味)에 속하는 무침회와 찜갈비만 봐도 그렇다. 무침회는 내륙도시의 특성이 만들어낸 음식이다. 바다에서 먼 대구는 신선한 회를 맛보기 어려웠다. 그래서 오징어를 살짝 데쳐 채소와 양념에 버무려 먹기 시작한 것이 무침회로도 이어졌다. 술안주는 물론이고 반찬으로도 손색이 없어 서민들에게 인기 있다. 서구 반고개역 주변에 식당이 밀집해 있다.

찜갈비는 갈비찜이 아니라 찜갈비라는 걸 유념해야 한다. 싱거운 말장난이 아니다. 갈빗살에 양념이 배도록 쪄내는 갈비찜과 달리 찜갈비는 소갈비에 고춧가루 양념을 팍팍 버무려, 양은그릇에 담아 조린다. 그래서 더욱 고소하고 달콤한 맛이 난다. 중구 동인동에 전문점이 모여 있다.

간식도 빼놓을 수 없다. 군것질이 즐비한 북성로가 중심이다. 대구식 빨간오뎅과 납작만두는 교동시장 골목, 배추전, 돔배기전은 향촌동 찌짐집, 고기 없는 풀짜장은 60년 전통의 해주분식, 주물럭 석쇠구이와 옛날국수는 너구리에서 맛볼 수 있다. 가격도 화끈하게 싸다. 단, 주의할 점이 있다. 한두 개 집어 먹다 보니 군것질이 아니라 거의 식사급이다.

부록

가성비甲 대구 골목음식…
환상 짝꿍은 역시 현지 술

치맥, 납작만두, 볶음짬뽕, 막창…. 대구는 '먹방'을 즐기기에도 충분히 매력적이다. 여행 중 만난 이런 맛깔스러운 음식에 반주가 빠지면 섭섭하다. 어떤 게 좋을까? 진로가 내놓은 진로이즈백에 선수를 뺏겼지만, 이 지역 소주 금복주도 레트로한 감성을 자극하는 옛날 소주병에 술을 담았다. '널리 세상을 즐겁게 하리라'는 문구도 재치 있다. 소주 맛의 차이는 크지 않다.

불로막걸리

불로막걸리

서울에 장수막걸리가 있다면 대구에는 불로막걸리가 있다. 장수막걸리의 '장수'는 오래 산다는 장수가 맞는데, 불로막걸리의 '불로'는 불로초의 불로가 아니다. 대구 지역 지명인 불로동에서 유래한다.

여기서 '불로(不老)'는 후백제와 고려의 격전지로, 왕건이 도망치다가 이곳에 이르자 어른들은 모두 도망가고, 늙은 사람 없이 어린아이들만 남아 있어 이름 붙여졌다. 생산 공장인 대구

탁주합동이 불로동에 있다. 병 색깔에 따라 차이가 있다. 초록색은 쌀 막걸리고, 하얀색은 밀 막걸리다. 밀 막걸리는 조금 걸쭉하고 단맛이 강하다. 쌀 막걸리는 상대적으로 드라이하다. 술 자체로는 그리 특별하지 않지만, 가성비 좋은 대구 음식과는 썩 잘 어울리는 환상의 짝꿍이다. 고향이 구미이고 대구에서 학교를 나온 박정희 전 대통령도 이 근방을 방문할 때면 늘 찾았다고 한다.

대도양조장 수제맥주

맥주도 당연히 대구산이 있다. 대도양조장은 김광석 다시 그리기길 50m 거리에 적산가옥을 리모델링해 수제맥줏집으로 운영한다. 수제맥주 전문가인 미국인 재러드 해치를 양조책임자로 스카우트해 지역 정체성이 담긴 8도짜리 수도원 맥주 '팔공' 등을 선보인다.

대도양조장 수제맥주

대구

영화 속 거기, 100여 편 무대 된 대구 '시네마캠퍼스'

캠퍼스부심이란 말이 있다. 벚꽃 피면 예쁜 곳이 있다거나 스냅 사진 명소가 있는 대학교 출신들이 만든 조어다. 캠퍼스가 예쁘다는 얘기가 들리면 그 학교 멤버들의 어깨가 들썩이는 이유기도 하다. 여행을 가서 그 지역에 예쁜 대학 캠퍼스가 있다면 들러보는 것도 좋은 선택이다. 가령 일본 교토를 갔을 땐 동지샤(도시샤)대학에 들러 윤동주 시인과 정지용 시인의 시비를 보면서 이들이 공부하던 광경을 상상해 보는 식이다.

캠퍼스 풍경을 둘러보는 것만으로도 좋지만, 학교마다 지닌 역사와 가치를 알아가는 재미도 쏠쏠하다. "어느 대학교 캠퍼스가 가장 예쁘냐"는 질문에 대한 정답은 없겠지만, 자신 있게 최상위권이라 주장할 수 있는 곳들이 대구에 모여 있다. 영화·드라마 100여 편의 배경으로 등장해 '시네마캠퍼스'라고 불린다. '꽃보다 남자' '도둑들' '미스터 션샤인' 등 인기 작품을 여럿 쏟아낸 대구 캠퍼스 3곳을 소개한다.

이병헌이 서 있던 그곳 성유스티노신학교

성유스티노신학교는 대구가톨릭대학교 신학대학의 전신으로 서양식 건물과 대구의 천주교 역사를 담고 있는 장소다. 대구 천

성유스티노신학교

주교회 초대 교구장이었던 드망즈 주교가 중국인 벽돌공에게 맡겨 1914년 완공한 신학교 건물이다. 로마네스크 양식과 고딕 양식이 함께 느껴지는 이곳은 대구 문화재자료 제23호에 지정되기도 했다. 먼저 대구가톨릭대학교 캠퍼스를 둘러봤다. 서양식 건물과 한옥이 공존한다. 학교 내에 성직자 묘지가 있는 점도 인상적이다. 대구에서 유일하게 시내에서 만날 수 있는 유서 깊은 묘지로 드망즈 주교를 비롯한 성인들이 잠들어 있다. 서울의 양화진외국인선교사묘원과는 또 다른 느낌으로 한국 현대사를 돌아보게 한다.

드라마 '각시탈', 영화 '도둑들' '신부수업' 등의 무대가 된 성유스티노신학교 100주년 기념관. 원래는 성당을 중심으로 양쪽에 전면으로 돌출된 부분이 있었지만 중앙을 제외하고 철거됐다. 그러나 여전히 웅장하고 세련된 외관을 자랑하는 이곳. 수많은 작품의 배경이 된 성당 안쪽이 하이라이트다. 드라마 '미스터 션샤인'에서 이병헌이 김태리와 작별하고 미국 군법재판소에서 판결을 받는 장면을 촬영한 내부 모습. 이병헌이 서 있던 자리에서 인증 사진을 찍어봤다. 화려하고 웅장한 계산성당에 비해 아담하고 따뜻한 느낌이다. 작품에서는 가려졌던 양옆 스테인드글라스와 정면의 그림, 조각품들과 함께 눈에 담으니 TV에서 보던 것보다 화사하게 느껴졌다. 미국 건물로 연출해도 손색없을 정도로 이국적인 분위기를 물씬 풍긴다.

동서양 매력 다 담았다
계명한학촌

전국에서 아름답기로 정평이 난 계명대학교 성서캠퍼스. 그중 계명한학촌은 개교 50주년을 맞아 우리 문화를 널리 소개하기 위해 옛 서원과 한옥의 모습을 재현해 2004년 완공됐다. 교육공간으로 이용되는 '계명서당'과 주거공간인 '계정헌', 그리고 '정원'으로 구성돼 있다. 계명한학촌으로 바로 가기 전 캠퍼스 내 건물들을 둘러봤다. 가장 눈에 띈 건물은 이국적 분위기의 본관. 캠퍼스를 거닐다 보면 '여기가 유럽인가' 하는 기분이 들다가 갑자기 조선시대 마을로 시간여행을 온 듯하니 '학교 다닐 맛 나겠다'는 생각이 든다.

계명한학촌으로 들어가는 방법은 두 가지가 있다. 정문과 후문이 있는데, 후문으로 들어가서 정문으로 나오는 걸 추천한다. 드

계명한학촌

라마 '미스터 션샤인'에 등장한 곳들이 후문 근처에 여럿 있고 사진 찍기 좋은 '계명서당'과 이어진다. 전통적인 한국미를 간직한 계명한학촌에선 '미스터 션샤인' 속 김태리가 외국인 선교사에게 영어를 배우기 위해 학당으로 찾아가는 장면을 촬영했다. 또 양반 가옥의 분위기가 묻어나는 계정헌은 극 중 김태리 집으로 나왔다. 후문으로 들어와 계명서당부터 둘러봤다. 사방으로

계명대학교 대명캠퍼스

둘러싼 가옥이 시야에 가득 들어온다. 정자부터 해시계까지 조선시대 분위기를 완벽하게 재현했다. 지붕 사이로 햇볕도 따사로이 내리쬐는 포토존 천국이다. 지붕과 계단, 나무에 하얀 눈이 소복이 덮인 모습도 궁금해진다. 계정헌 뒤쪽 계단으로 내려가면 연못이 나온다. 바람에 흔들리는 물결이 정자, 새소리와 어우러져 따뜻하고 편안한 느낌을 준다. 대학 캠퍼스에서 한국의 미를 찾는 이색적인 경험을 원한다면 이곳으로 향해보자.

뉴욕 아니었어?
계명대학교 대명캠퍼스

붉은 벽돌로 지어진 서양식 건물들이 즐비하고 초록의 담쟁이넝쿨이 이들을 뒤덮고 있는 곳. 영화, 드라마를 무려 100여 편 촬영한 장소로 알려진 계명대학교 대명캠퍼스다. 드라마 '사랑비' '꽃보다 남자' '미스터 션샤인', 영화 '그 해 여름' 등의 무대가 된 이 캠퍼스를 거닐다보면 이곳이 왜 촬영 명소로 각광받게 됐는지 고개를 끄덕이게 된다. 정문에 들어서자마자 바로 우측에

계명대학교 대명캠퍼스

'아담스관'이 시선을 사로잡았다. 건물 옆쪽 담쟁이길에서 드라마 '사랑비' 속 장근석이 윤아에게 3초 만에 사랑에 빠지는 장면을 촬영했다. '쉐턱관' 등 캠퍼스를 구성하는 건물들은 전반적으로 르네상스풍의 이국적인 분위기가 물씬 풍긴다. 그러면서도 곳곳에 기와지붕과 옹기도 있어 동서양의 매력을 모두 품고 있다. 노천극장 역시 촬영지 단골 스폿이다. 무대를 중심으로 양옆으로 둥글게 펼쳐진 계단 모양의 좌석에 학생들이 삼삼오오 앉아 축제를 즐기는 모습이 그려진다.

촬영지에 가장 많이 등장한 주인공 격인 본관으로 향했다. '꽃보다 남자' '동감' '박쥐' 등 사계절 내내 수많은 영화·드라마의 배경이 된 이곳은 로마시대 신전 같은 비주얼을 자랑한다. '미스터 션샤인'에서 이병헌과 김태리가 뉴욕에서의 평화로운 시간을 상상하는 장면을 촬영했을 정도로 해외라고 해도 손색없다. 해외여행이 어려운 요즘 웨딩 사진이나 스냅 촬영 장소로도 제격이다.

6

부산

부산

"바다 말고 별 보러 부산 오이소~"
이대호도 추천한 야경 명소 5선

> 바다 품은 부산이지만 산이 70%
> 황령산, 천마산로 전망대 등
> 오렌지빛 도심과 바다까지 조망
> 요트, 리버크루즈도 낭만적
> 공장이었던 F1963은 뜨는 명소

'부산' 하면 해운대, 광안리가 대표적인 관광지다. 2022년 롯데월드 어드벤처 부산이 들어서고 아난티 힐튼 부산 같은 고급 숙박시설이 있는 기장군도 꽤 알려진 여행지다. 해운대, 광안리, 기장 모두 멋들어진 바다이지만, 약간 식상하다. 선선한 바람 맞으며 야경을 감상할 명소를 추천해 달라고 한국관광공사 부산울산지사에 의뢰했다. 의외로 산동네를 추천했다. 부산(釜山)이라는 이름부터가 가마솥 산이란다. 무려, 부산의 70%가 산이다.

황령산 전망대

부산 토박이들이 대표적으로 꼽는 야경 명소다. 2010년 예능 프로그램 '1박 2일'에서 이승기가 부산에 왔을 때 야구선수 이대호

황령산 전망대

가 황령산에서 보는 광안대교 야경을 추천했다.

조선의 4번 타자가 추천했을 정도인 황령산 전망대는 부산의 여러 전망대 중에서도 가장 아름다운 야경으로 유명하다. 황령산은 부산 남구·수영구·연제구·부산진구에 걸쳐 있는 427m 높이 산이다. 다방면으로 감상할 수 있다는 것은 역시 주변 여러 곳에서 잘 보인다는 뜻이다. 이 덕에 황령산에는 15세기 전부터 봉수대가 있었고 현재에도 터가 남아 있다. 초량 구봉 봉수대에서 쏘아 올린 신호를 받아 최종적으로 서울까지 보내주는 부산 봉수망의 중심 역할을 했다. 봉수대는 부산불꽃축제를 관람할 수 있는 최고의 자리로 이미 소문나 있지만, 굳이 불꽃축제 기간이 아니어도 빛나는 광안대교와 도시 야경을 바라볼 수 있어 가슴이 탁 트인다. 바다 쪽만이 아니라 북쪽 방향으로 구도심까지 조망할 수 있다.

천마산로의 전망대

천마산 하늘전망대는 천마산로의 백미라 할 수 있다. 이곳은 1400만 관객을 동원한 영화 '국제시장'의 무대로도 쓰였다. 주연인

천마산 하늘전망대

황정민과 김윤진이 노인 분장을 하고 촬영한 영화 마지막 장면에 등장한 바로 그 장소다. 부산 원도심과 부산항 일대를 굽어볼 수 있어 사진작가들이 사랑하는 '사진 맛집'으로도 평판이 자자하다.

천마산 누리바라기 전망대는 '세상을 바라본다'는 순우리말 합성어로 부산의 산과 바다, 하늘을 바라본다는 의미로 붙여진 이름이다. 입구에 도착하면 하늘에서 내려온 용마(龍馬) 이야기를 간직한 천마산의 유래를 토대로 형상화한 '말'이 세워져 있고, 쉼터(전망대) 가운데에는 구름이 나무에 걸려 있는 모습을 형상화한 조형물 '소리나무'가 자리 잡고 있다.

누리바라기 전망대를 따라 5분 정도 걸어가면 부산 시민들도 처음 와봤다 할 정도로 잘 알려지지 않은 '부산항 전망대'가 나온다. 부산항과 바다를 파노라마로 담을 수 있는 곳으로 숨겨진 부산의 야경, 해돋이 뷰 맛집이다.

해운대 요트투어 & 리버크루즈

마치 해운대는 목록에 없는 듯이 서론에 적었지만, 해운대를 바다 위에서 특별하게 즐기는 방법은 제외할 수가 없다. 요트와 리

해운대 요트투어

버크루즈에 오르면 시원한 바람을 맞으며 해운대 앞바다 물살을 가른다. 망망대해이지만, 파도가 거칠지는 않다. 서울 강남 못지않게 최고급이며 높이로는 서울을 압도하는 해운대 고층 아파트가 병풍처럼 펴져 있다. 서서히 불을 밝힌 부산항대교가 가까워진다. 안전요원이 폭죽을 꺼내 바다를 향해 발사한다. 작은 불꽃이 터진다.

현재 50여 개의 요트업체가 해운대, 광안리에서 운영하고 있으며 대부분이 수영만 요트경기장 또는 더베이101에서 출발해 마린시티, APEC 나루공원, 광안대교를 돌아보는 요트투어 코스로 아름다운 바다와 붉게 물드는 하늘, 그리고 도시의 화려한 조명을 통해 부산을 조금 더 특별하게 즐길 수 있는 핫한 방법으로 떠오르고 있다.

리버크루즈는 APEC 나루공원을 출발해 마린시티, 광안대교를 볼 수 있는 코스로 강과 바다를 모두 볼 수 있는 부산 최초의 도심형 유람선이다. 데이크루즈, 나이트크루즈 및 디너크루즈로 정규 운항을 편성하고 있어 수영강과 해운대, 광안리 바다의 낮과 밤을 한 번에 즐길 수 있다.

F1963

공장의 변신은 무죄다. 건물명 F는 팩토리(Factory)를 뜻하고, 1963은 설립연도다. 건물 내외부에 생산시설이었던 흔적이 남아

F1963

© 한국관광공사

있다. 힙지로라고 불리는 서울 을지로의 카페나 식당처럼 레트로 감성을 자극한다. 건물 외부는 분수와 대나무숲 등이 사진 명소로 꼽힌다.

F1963은 부산 수영구 망미동에 위치한 복합 예술·문화 공간으로 선재(線材)회사 고려제강의 첫 공장인 수영공장이 위치했던 장소다. 고려제강 수영공장에서는 1963년부터 2008년까지 45년간 와이어로프를 생산했으며 이후 공장이 장소를 이전하면서 창고로 쓰이게 됐다. 그러다 2014년 부산비엔날레 특별 전시장으로 사용된 것을 계기로 2016년 리모델링을 거쳐 부산비엔날레 전시장으로 재탄생했다. 공장 내부에는 국내 최대 규모 중고서점인 예스24, 커피전문점 테라로사, 막걸리 명가 복순도가 등이 입점해 있어 실내 데이트를 하기에도 적절하다.

초량 명란브랜드연구소
(in 초량이바구길)

부산역까지 시간이 애매하게 남았다면 초량동 이바구길을 지나 168계단 모노레일 위 명란브랜드연구소가 적절하다. 부산역까지 걸어서 20분 거리다. 다만, 운영 시간이 화~토요일은 오후 9시까지, 일요일에는

ⓒ 한국관광공사

명란브랜드연구소

오후 7시까지라 늦은 시간에는 이용이 어렵다. 노을을 감상하면서 식사와 커피를 해결하기엔 딱 좋다. 명란토마토파스타가 대표 메뉴이며, 아메리카노 가격이 3000원으로 상대적으로 저렴하다.

이쯤에서 명란 이야기를 꺼내야겠다. 부산 초량에 웬 명란인가 싶겠지만, 이곳은 명란의 발상지인 남선창고와 초량전통시장의 역사적 스토리를 가공한 지역 특화 콘텐츠로 색다른 체험이 가능한 공간이다. 한국관광공사 부산울산지사에서 야심 차게 밀고 있는 원도심 신규 관광 콘텐츠이기도 하다. 명란삼남매 굿즈, 명란파스타 셀프쿠킹 체험, 야경이 돋보이는 카페 등으로 구성된 복합문화공간으로 먹거리, 볼거리 등 다양한 체험을 동시에 즐길 수 있는 지역 관광 명소를 목표로 조성했다. 2022년 부산 강소형 잠재관광지로 선정되기도 했다. 근처 이바구충전소에서는 직접 명란파스타 만드는 체험을 할 수도 있다.

낮엔 뭐하지?
숨은 여행지 아미동 비석마을 방문해볼까?

감천문화마을은 영도 흰여울마을과 함께 대표적으로 뜬 동네다. 재개발로 철거될 뻔했던 감천문화마을은 알록달록한 건물 모양이 입소문을 타 관광지가 되면서 죽다 살아났다. 영도 흰여울마을은 영화 '변호인' 등 촬영지로 주목받으면서 발길이 잦아졌다. 감천문화마을 바로 밑에 아미동 마을이

아미동 비석마을
©한국관광공사

있다. 세 마을뿐 아니라 부산의 산등성이에 있는 마을은 대부분 해방과 한국전쟁에서 피란민 마을로 형성됐다.

아미동 비석마을은 거의 크기가 일정한 집이 다닥다닥 붙어 있다. 크기가 거의 같은 이유는 일정한 간격으로 형성된 공동묘지 위에 지은 움막이었기 때문이다. 원래 아미동은 일본인 거류지였던 초량동의 뒤편에 있는 공동묘지였다. 해방 이후 일본인들이 보따리 2개만 갖고 한국을 떠나가 피란민이 무덤 위에 집을 짓고 살아갔다. 산으로 떠밀려온 사람들이 화장실과 우물을 공동으로 이용하며 살아냈다. 작은 집에서 아이들이 태어나 식구가 늘면 위로 건물을 올렸다. 비석을 건축물 자재로 활용해 벽돌 사이 곳곳에 한때 공동묘지였음을 알리는 흔적이 남아 있다.

7

세종

세종

세종시의 자랑
국립세종수목원

> 국립세종수목원은 2020년 10월 문을 열자마자 세종시를 대표하는 명소로 떠올랐다. 세종시 한가운데 조성된 국내 최초 도심형 수목원을 표방해 현지인들은 물론 인근 지역에서도 방문객을 그러모으고 있다.

한국관광공사 세종충북지사에서 강소형 잠재관광지로 선정한 국립세종수목원은 국내 3번째 국립수목원으로 산림 자원 보전 및 자원화와 연구·교육 목적을 위해 만들어졌다. 축구장 90개 규모(65㏊)로 3개 지구, 20개 주제 전시원으로 구성된 국립세종수목원에는 2453종 161만그루의 식물이 자라나고 있다.

연간 회원이 1500명(2021년 기준)을 넘었다. 성수기 주말 평균 9000여 명, 주중 평균 4000여 명이 방문하는데 세종시민이 20%, 나머지는 대전 등 다른 지역에서 온 방문객이다. 국립세종수목원은 여느 수목원과 분위기가 다르다. 수목원이라면 으레 울창한 숲, 깊은 계곡 안에 숨겨져 있을 거라고 생각하지만 국립세종수목원은 도심 한가운데 탁 트인 평지에 있다.

수목원 자리는 본래 논이었다. 가장 밑

1.5m는 돌로 채우고 그 위에 다시 2.5m를 흙으로 채운 다음 부엽토로 30㎝를 깔았다. 그렇게 나무가 살 수 있는 환경으로 땅을 다지고 나무를 심기 시작했다. 나무는 전부 심은 지 2년이 채 안된 어린나무들이다. 대형 나무를 비싼 값에 사오는 대신 자원으로서 가치가 있는 어린나무를 심어 키우겠다는 취지다.

수목원을 돌아다니다 보면 이따금 철조망이 보인다. "초반에 고라니 때문에 애를 먹었어요. 여기에 살고 있는 고라니가 10마리, 그리고 밤마다 이곳으로 출몰하는 고라니가 20마리 정도였어요. 서식지로 돌려보내기 위해 고라니 몰이를 했어요. 전담 팀을 꾸려 드론을 띄우고 위치추적도 했어요." 이유미 국립세종수목원장이 말했다. 이곳에 살고 있던 건 고라니뿐만이 아니었다. 멸종위기 2급 금개구리도 있었다. 서식지 보전을 위해 양서류관찰원을 조성했다.

워낙 규모가 방대해 동선을 잘 짜는 것이 중요하다. 아직 나무들이 작아 그늘이 없다는 점도 고려해야 한다. 이유미 원장에게 '여기는 놓치지 마세요! 꼭 봐야 할 3곳'을 꼽아 달라고 했다. 먼저 사계절 전시온실이다. 사계절 전시온실은 온대중부권역을 대표하는 붓꽃을 모티브로 디자인했다. 국내 최대 규모로 최고 높이 32m, 축구장 면적의 1.5배인 1ha 크기다. 가운데 입구를 중심으로 꽃잎 모양의 온실은 각각 지중해 온실, 열대 온실, 특별전시 온실로 구분된다. 알람브라 궁전을 모티브로 꾸민 지중해 온실에는 소설 어린왕자에 나오는 '바오밥나무'와 2억년 전 중생대 쥐라기 시대부터 지구에 서식했다는 '울레미소나무' 등 유럽과

사계절 전시온실

열대 온실

희귀특산식물 온실

아시아, 아프리카의 다양한 식물을 볼 수 있다. 또 지중해 온실에는 전망대가 있어 엘리베이터를 타고 올라가 볼 수 있다.
열대 온실은 들어가자마자 후끈하다. 적도 근처를 서식지로 하는 식물들을 위해 내부 온도를 20도 안팎으로 유지한다. 초입에 전시된 '다윈난'은 영국의 생물학자 찰스 다윈의 이름을 딴 것이다. 다윈의 진화론 연구에 실마리를 제공했다 하여 '다윈난'이라고 이름 붙여졌다. 얼마 전 개화해 주목을 받기도 했다. 마트에서 보는 것과 달리 나무에 달린 바나나와 파파야 같은 열대 과일과 곤충을 먹고 사는 식충식물 파리지옥도 신기하다.

두 번째로 추천한 곳은 한국전통정원이다. 궁궐정원, 별서정원, 민가정원으로 나뉘는데 궁궐정원은 창덕궁 주합루와 부용정을 실제 크기로 만들었고 별서정원은 담양의 소쇄원을 주제로 꾸몄다. 마지막으로 꼭 봐야 할 곳은 희귀특산식물 온실. 자생지를 잃고 점점 사라져가는 희귀식물과 우리나라에서만 볼 수 있는 특산식물을 전시한다. "수목원은 일반 공원과 달리 수목유전 자원의 보전 및 자원화라는 목적을 가지고 있어요. 나무 하나마다 출처가 명확하게 있지요. 이력 관리를 철저하게 하고 있습니다. 아름다운 정원에서 국민의 삶을 식물과 함께 가꿀 수 있는 문화를 만들고자 합니다. 공부하고 체험하는 과정에서 국민 삶에도 초록물이 들도록 하는 것이 목표예요. 당장 완성형 수목원이 아니라 지금은 그 바탕을 까는 단계라고 생각해요. 많이 노력하고 있으니까 잘 지켜봐주세요."

8

인천

인천

이색 온천의 최고봉…
노을 보며 노천욕하는 인천 석모도

미네랄 온천수 피부염에 탁월
노천욕하며 감흥빛 노을 감상
'석모도 바람길' 트레킹도 해볼 만
기도발 성지 4대 관음사찰 보문사

날이 쌀쌀해지면 따스한 게 당기기 마련이다. 칼바람이 옆구리를 후벼 파면 팔수록 몸은 움츠러들고 옷은 두툼해진다. 인지상정인 것이다. 뜨끈한 것을 떠올리면 대표적으로 온천을 빼놓을 수 없다. 후끈한 열기를 내뿜는 물속에 몸을 담갔다 나오면 굳어 있던 몸이 풀리는 느낌을 받는다.

노천탕…
머리는 차갑고 몸은 뜨겁고

다른 계절도 좋지만 겨울에 가면 후회 없을 온천, 더구나 평범하지 않은 이색 온천이 있다. 인천 강화 석모도의 미네랄 온천이 그 주인공이다. 석모도는 강화도 외포항에서 서쪽으로 약 1.5km 떨어진 곳에 자리한다. 놀랍게도 이곳에 온천수가 콸콸 흘러

강화 석모도 미네랄 온천

나오고 있다. 심지어 지하 460m 화강암에서 용출하는 미네랄 온천수다.

석모도 온천수의 특징은 소독이나 정화 없이 원수를 탕으로 흘려보낸다는 것이다. 원수는 51도 고온이지만, 탕에 도착한 물은 47도다. 한겨울에는 조금 더 내려가 43~45도 정도 된다. 대개 사람이 평균적으로 42도가 넘으면 뜨겁고 38도가 넘지 않으면 미지근하다고 느끼는데, 살짝 뜨거운 느낌을 받으며 온천욕을 즐길 수 있다.

다만 이곳이 여느 온천과 다른 점은 노천탕이 무려 15개나 있다는 점이다. 아무래도 바다에서 불어오는 해풍은 쌀쌀하게 마련. 쌀쌀함을 안고 뜨거운 욕탕에 들어가는 기분이 아주 묘하다. 머리는 시원하면서 몸은 뜨끈한 느낌의 오묘한 조화는 짬짜면이나 단짠의 맛에 비할 게 아니다.

석모도 온천은 아예 상호명을 '미네랄 온천'이라 붙였다. 온천수에 미네랄이 많이 들어 있어서다. 미네랄 온천수는 칼슘과 칼륨, 마그네슘 등이 풍부해 관절염과 근육통, 소화 기능 장애, 외상 후유증, 아토피피부염 치유에 효과가 탁월한 것으로 알려져 있다. 반면 물이 탁하고, 맛을 보면 바닷물처럼 짠맛이 난다. 그래서 온천욕장에는 샴푸나 비누가 없다. 그리고 이것을 들고 들어가서도 안된다. 오로지 온천물로만 목욕을 하라는 뜻이다. 다른 물질이 섞이면 온천수 효과가 떨어지기 때문이다.

온천욕을 마치고 난 다음에도 꼭 지켜야 할 것이 있다. 일반 대중탕을 갈 경우 샤워를 한 번 더 하며 마무리를 하지만 석모도 온천에서는 몸을 담갔던 그 온천수의 여운을 그대로 몸에 남겨둔 채 수건으로 물기 정도만 제거하는 게 더 좋다. 그만큼 온천수가 몸에 스며들면 더욱 좋다는 얘기다. 아울러 온천에 입장할 때 고려시대에 왕이 썼다는 소창으로 만든 수건을 준다. 소창은 주로 아기들 기저귀에 쓰는 면을 말하는데, 1인당 1개씩 집에 가져갈 수 있으니 꼭 챙기시길.

석모도 온천은 오전 7시부터 오후 9시까지 운영하고, 첫째·셋째 화요일에 쉰다. 이용료는 어른 9000원, 4~7세 어린이와 65세 이상 노인, 다자녀 가정 등은 6000원이다. 강화군민은 요일별로 할인해주기도 한다. 2017년에 강화에서 석모도를 잇는 석모대교가 개통하면서 배가 아닌 도로로도 갈 수 있다. 서울에서 출발하면 2시간 정도 걸린다. 주말에는 평균 1시간 이상 대기하는 것은 필수. 그래서 입욕을 기다리며 실외 족욕탕을 무료로 이용할 수 있게 해놨다.

강화 석모도 미네랄 온천

ⓒ강화군

엇보다 노천탕에서 누리는 해넘이가 진짜 인상적이다. 노을이 완전히 지기까지 30분이 채 안 걸린다. 온천욕을 제대로 즐기면서 노을 감상까지 여유 있게 하려면 겨울 기준으로 오후 3시 정도에 입장하는 게 좋다. 또 해넘이 감상은 노천탕 인근의 강화나들길 11코스인 석모도 바람길을 걸으며 즐기는 것을 추천한다. 해안가와 가깝게 이어져 있어 트레킹하기에는 그만이다.

노을…
우리나라 3대 해넘이

충남 태안 안면도 꽃지, 전북 부안 채석강 그리고 인천 강화 석모도는 우리나라 3대 노을로 유명하다. 수평선 너머로 지는 석양을 감상하는 분위기가 역시 낭만적이다. 무

속노랑고구마…
구수하고 달콤

석모도를 대표하는 토산품은 '속노랑고구마'다. 찌거나 구우면 속이 아주 노랗게 돼 속노랑고구마라고 불린다. 다른 지역에서

강화 석모도 보문사

는 '호박고구마'라고도 부른다. 20년 전에 강화도 특산품으로 인증까지 받았다. 일반 고구마보다 확실히 구수하고 달콤한 맛이 더하다. 흔히 목욕을 마치고 나오면 바나나 우유를 마시지만 강화도에서는 고구마를 입에 베어 문 사람들을 만날 수 있다.

노여움 굿바이…
힐링 스폿 2곳

온천에서 바다를 등지고 서면 보문사 눈썹바위가 보인다. 보문사는 남해 보리암, 양양 홍련암, 여수 향일암과 함께 우리나라 4대 해수 관음 성지로 알려진 곳이다. 관세음보살이 머무는 성스러운 곳으로 보면 된다. 성스러운 곳답게 소위 말하는 기도발이 잘 드는 곳, 그러니까 기도를 하면 소원을 잘 들어주는 곳이란 얘기다. 그래서 이곳을 찾아 소원을 비는 이들이 많다.

보문사에는 천인대라고 해서 1000명이 들어앉아 설법을 들을 정도로 넓은 장소가 있다. 또 그곳에 오백나한이라고 해서 500명의 부처님 제자를 각기 다른 표정으로 만든 상들이 층층이 앉아 있는 모습이 보인다. 실로 장관이다. 정말 소원을 간절히 빌

보문사 눈썹바위

면 이뤄질 것 같은 묘한 분위기가 펼쳐진다. 소원까지 아니더라도 일상에서의 답답함, 노여움 등을 놓아버리는 것만으로 충분하다.

보문사의 백미는 역시나 마애석불좌상이 있는 일명 눈썹바위이다. 천인대를 지나 극락보전과 관음전 사이에 있는 계단을 20여 분 올라가야 만날 수 있다. 계단이 상당히 가팔라서 올라가다 쉬다를 꽤 많이 반복해야 할 정도지만 막상 오르고 나면 우산 같은 바위 지붕 아래 조각된 불상, 그리고 멀리 보이는 서해의 모습이 정말 아름답고 기이하다.

또 다른 볼거리로 민머루 해수욕장을 빼놓을 수 없다. 석모도 해안선이 무려 42km나 되는데 이 길을 따라 드라이브하는 기분이 아주 그만이다. 그중에서 1km 남짓한 민머루 해수욕장 해변이 고즈넉하니 예쁘다. 드라이브하다 마주하는 낙조는 정말 낭만적이다.

9

전라남도

전라남도 | 홍도와 흑산도

1980년대 '한국의 이비사섬'…
유배지 매력 여전한 홍도와 흑산도

> 기차 타고 배 타고 고단한 여정
> 홍도 유람선 타고 기암괴석 감상
> 선상에서 회 먹으면 피로가 싹
> 순교자도 철새도 찾은 흑산도
> 관광택시 타고 일주도로 돌면
> 신비롭고 아름다운 풍경으로 쏙

서울에서 제주도는 약 460km 떨어져 있지만, 심리적으로는 그리 멀게 느껴지지 않는다. 홍도나 흑산도는 350km 정도 거리지만 훨씬 멀게만 느껴진다. 비행기를 타고 갈 수 없기 때문이다. 홍도와 흑산도는 차 또는 기차 타고 목포로 이동해 다시 배를 타고 가야 한다. 긴 이동 시간 탓에 울릉도와 함께 공항 건설 논의가 뜨겁다. 아직은 첫 삽도 뜨지 못하고 있다.

그렇지만 섬으로 향하는 뱃길은 제주도 비행편과 비교해 험난할 뿐 과거에 비하면 매우 쾌적해졌다. 그 옛날 조선 후기 정조 임금에게 흑산도에서 상소를 올리러 간 선비 김이수는 목포까지만 배 타고 보름을 가야 했다. 지금은 쾌속선을 타면 3~4시간이면 충분하다. 날씨가 궂거나 파도가 심하지 않다면 울렁거림은 크게 걱정하지 않아도 괜찮다.

목포는 항구다, 홍도와 흑산도로 통하는

서울이라면 용산역에서 목포역까지 KTX를 타고 이동한다. 2시간40분 정도 걸린다. 목포연안여객선터미널에서 여객선에 올라 도초도를 찍고, 흑산도(목포에서 약 2시간)를 거쳐 홍도(목포에서 약 2시간30분)에 입도했다. 이렇듯 홍도든 흑산도든 목포로 통한다. 그래서 목포시 소관 섬으로 오해를 받기도 한다. 홍도와 흑산도는 전라남도 신안군 소속이다. 그전에는 무안군에 속했다. 신안(新安)군은 새로운 무안(務安)이란 의미다.

목포를 통해서 갈 수밖에 없다보니 목포 사람 40%는 어떻게든 신안과 관련이 있다고 신안군 섬사람들은 말한다. 예를 들자면 목포 사는 김 서방의 며느리가 신안군 출신이라든가, 목포의 중학교 동창이 신안군에서 왔다든가.

1구 마을

2구 마을

홍도를 내륙에서 즐기는 방법은 산책

기왕 기차 타고 배 타고 온 김에 가장 먼 홍도부터 들렀다. 홍도는 1구와 2구 마을로 구분한다. 여객선이 닿는 1구 마을은 서울로 치면 강남이다. 해외여행 길이 열리기 직전 1980년대에는 스페인 이비사섬처럼 클럽이 밤마다 불야성을 이룬 듯했다. 남녀노소 청춘 남녀들이 한데 어우러져 1구 마을을 잠들지 않는 항구로 만들었다. 요즘 말로 인싸들이 가는 핫플레이스였다. 그래서 "아버지 어머니를 홍도 여행 한번 보내드리지 않은 자식은 불효자"라는 말이 있었다고 한다.

2구 마을은 지붕 색깔이 알록달록하고 아

홍도 등대

담하고 조용하다. 흑산도와 함께 홍어잡이로 유명한 홍도였는데, 홍어잡이는 2구 마을이 담당해왔다. 현재는 2구 마을에 홍어잡이 배가 딱 한 척 남아 있다. 1구 마을에서 2구 마을로 넘어가려면 산책로를 통하거나 배를 다시 타야 한다. 산길은 소위 트레킹하기 좋은 길이다. 나무들이 쭉쭉 뻗어 있다. 키 낮은 홍송을 비롯한 황칠나무, 구실잣밤나무, 후박나무, 보리수나무, 맹감나무가 주종을 이룬다. 홍도라는 섬 전체가 천연보호구역인 사실에 쉬이 납득이 간다. 차가운 바다에 둘러싸여 같은 위도의 내륙보다 온도가 낮다. 일제강점기 때 만든 하얀 등대는 우리나라에서 아름다운 섬 등대로 손에 꼽힌다. 등대 애호가들은 기념으로 도장을 쾅 찍는다. 태초의 신비가 남아 있다.

홍도는 밖에서 봐도 예쁘니 유람선에 오르자

홍도는 안에서 거닐어도 좋은 작고 아기자기한 섬이다. 그렇지만 홍도 관광의 하이라이트는 홍도 유람선 투어다. 홍도는 밖에서 봐도 예쁘기 때문이다. 유람선은 출렁이는 파도 위를 섰다가 갔다를 반복한다. 거친 물결이 몰아치면 흔들거리지만 그리 크게 걱정할 필요는 없다. 마이크 잡은 해설사 아저씨가 입담으로 멀미 기운이 몸으로 침투할 틈을 주지 않는다.

어느 섬에도 있는 거북이바위로 기본 학습을 하다가 차마 적기 민망한 '거시기바위' '머시기바위'를 배경으로 기념사진을 찍는다. 뻥 뚫린 동굴로 들어갔다가 나오고, 배가 못 들어가는 '구녕'은 그냥 지나친다. 마지막엔 텔레비전 속 애국가 영상으로만 보았던 개선문 바위 앞으로 인도한다. 다시 1구 마을이 있는 홍도로 들어가려는 찰나! 갑자기 작은 통통배가 다가온다. 선상에서 갓 잡은 팔딱팔딱 튀는 노래미나 광어를 즉석에서 손질하더니 유람선으로 건네준다. 소주 한잔에 회 한 점씩 곁들이면 풍경에 취하고 맛에 또 취한다. 신선놀음이 따로 없다. 남들 먹는 모습만 바라보고 싶지 않다면 유람선에는 현금 5만원권을 가져가시기 바란다.

거시기바위

유람선 거북이바위

유배지의 섬이자, 새들의 안식처인 흑산도

"홍도야 우지 마라(울지 마라), 오빠가 있다~"는 노래 가사를 떠올리면서 홍도를 떠나 흑산도로 향했다. 홍도가 육지로부터 더욱 멀지만, 흑산도 역시 '오지 중의 오지'였다. 정약용의 형인 정약전이 유배 생활을 한 섬이다. 이 밖에도 조선 말 천주교 신자의 아녀자들이 유배를 와서 무덤 한데에 묻히기도 했다. 현재는 흑산호텔 용지다. 그 영향으로 전남 지역에서 목포 다음으로 성당이 들어선 장소가 흑산도다.

정약전의 처소와 학당, 그리고 조선 말 의병장으로 활약하다 대마도에서 일제의 식량을 거부해 순국한 최익현도 흑산도에서 유배 생활을 했다.

의로운 이들뿐 아니라 철새도 흑산도를 자주 찾는다. 철새 330여 종이 거쳐 가는 중요한 거점이다. 국립공원연구원 조류연구센터와 신안철새박물관이 흑산도에 자리한 이유다. 새를 주제로 한 우리나라 최초의

새 조각 공원도 박물관 앞에 2014년 문을 열었다.

흑산도는 택시 기사가 관광 가이드다

흑산도를 여행하는 방법은 유람선을 타거나 차로 일주도로를 선택하는 것이다. 9인승 택시를 타면 기사님이 운전대만 잡는 게 아니라 전망대와 등대, 흑산도 해변의 마을을 하나하나 상세히 설명해준다. 일반적인 해설사와는 차별화를 꾀하는지 갑자기 난센스 퀴즈를 내기도 한다. "세상에서 가장 빨리 자는 사람은?" 아무도 맞히지 못하자 답을 알려준다. 바로 이미자. '흑산도 아가씨'를 부른 가수 이미자는 노래를 발표한 지 몇십 년이 지난 2012년에 흑산도를 찾아 콘서트를 열었다.

다음 퀴즈는 "흑산도에 없는 다섯 가지는?" 고난도 문제에 역시 합죽이가 돼 버렸다. 답은 '논, 소금, 꽃, 꿀, 단풍'이다. 고된 섬 생활을 짐작하게 하는 퀴즈였다. 그렇지만 척박한 환경이 금세 부러움으로 바뀌는 데는 그리 오랜 시간이 걸리지 않았다. 일주도로를 타고 관람하는 흑산도 풍경 중에, 이를테면 한반도 모양 바위 같은 기이한 형상을 보고 있노라니 절로 "우와" 감탄사가

새 조각 공원

튀어나왔다. 심드렁한 척 해설사는 "울릉도에 가보니 섬은 다 똑같다고 느꼈다"며 "섬사람은 섬여행 가면 안 된다"고 경험담을 늘어놓았다. 육지 사람들에겐 배부른 소리로 들릴 뿐이었다. 울릉도나 흑산도나 모두 신비롭기 그지없는 섬이다. 홍도와 흑산도는 제주도보다는 가기 불편했지만, 그래서 오히려 육지로부터 유배된, 더욱 섬다운 섬이었다.

전라남도 | 강진

임영웅도 "가고 싶다" 외친
감성여행 1번지, 강진

> 가족, 연인, 친구와 보낼 안전한 여름휴가지를 찾고 있다면 남도의 끝자락, 강진을 고려해보는 건 어떨지. 글보다는 사진으로 여행지를 찾아보는 이들에게도 자신 있게 추천하고픈 감성여행 1번지, 강진의 핫플레이스를 소개한다.

서울에 사는 지인들에게 강진을 설명하면 고개를 갸우뚱하는 경우가 대부분이다. 충남 당진은 알아도, 대체 강진은 어디란 건지. 부끄럽지만, 기자도 얼마 전까진 그들과 별반 다를 게 없었던 것 같다. 뭐가 유명하냐는 말에 선뜻 대답할 수 없었다. 강진에는 2030세대가 열광하는 '인스타 핫플'로 입소문 난 곳도, 인기 여름휴가지로 꼽히는 곳도 없다고 생각했다. 강진을 다녀와

보니, 그동안 강진을 몰라도 너무 몰랐구나 싶었다. 단단히 오해하고 있었다. 그러다 혼란스러운 감정이 들기 시작했다. 젊은 세대가 아직 이곳을 잘 모른다는 사실이 답답하면서도, 계속 몰랐으면 좋겠다는 놀부 심보가 마음 한편에서 생겨났다. 한적하다고 하면 무조건 '노잼 도시'일까? 그에 대한 대답은 여행 후 사진첩에 수북이 쌓인 몇백 장의 사진과 몇 달을 잠자코 있던 개인 SNS

를 업데이트시킨 강진의 흔적들이 대신해준다.

임영웅으로 급부상!
마량 선상투어

2021년 8월 방영된 TV조선 프로그램 '사랑의 콜센타'에서 '트롯 히어로' 임영웅은 가수 김현진의 노래 '마량에 가고 싶다'를 불렀다. 임영웅이 애절하게 "가고 싶다"고 외친 마량으로 향했다. 제주에서 육지로 온 말들이 잠시 머물렀다고 해 '마량(馬良)'으로 이름 붙여졌다고 한다. 도착하자마자 옹기종기 모여 있는 낚싯배들이 눈에 들어왔다. 곳곳에 임영웅의 사진과 그를 응원하는 문구가 적힌 매장들도 보였다. 이곳의 횟집거리는 2021년 '남도음식거리 조성 공모사업'에 최종 선정됐다고 한다. 싱싱한 마량 수산물을 꼭 맛봐야겠다는 생각에 넉넉히 사서 배에 올랐다. 바다낚시에도 도전해봤다. 다 같이 머리를 맞대고 돌아가면서 낚싯대를 잡았지만, 올라온 건 새끼 장어 두 마리뿐이었다. 손맛 느껴봤으니 됐다며 장어들을 놓아주고, 마량에서 사온 광어회, 전복, 멍게, 해삼 등을 꺼냈다. 드넓게 펼쳐진 청정 바다를 바라보며 먹는 해산물은 산해진미가 부럽지 않았다. '임영웅도 마량의 해산물에 반해 그토록 오고 싶어하지 않았을까?'라는 생각도 잠시 해봤다. 그렇게 낚시도 했다가 회도 먹다보면 어느덧 출렁다리가 생긴 이후 핫플레이스로 입소문이 난 가우도가 보인다.

강진 노을 맛집 찾는다면…
가우도

해가 다 져버리기 전 급히 가우도를 찾았다. 전라남도의 '가고 싶은 섬'으로 선정된 가우도. 강진의 8개 섬 중 유일하게 사람이 사는 섬이다. 강진 대구면과 도암면을 잇는 출렁다리, 해안선을 따라 조성된 생태탐방로 '함께해길', 짚트랙, 해양레저 등으로 관광객들에게 많은 사랑을 받고 있다. '일몰

출렁다리

© 강진군문화관광재단

명소'로도 알려져 있어 강진 여행을 왔다면 이곳에서 하루를 마무리하기도 좋다. 마량항에서 청자다리를 건너 가우도로 향했다. 일몰 시간대라 방문객이 많이 보였다. 다리를 건너면 모노레일 타는 곳, 출렁다리, 전망대로 가는 길로 나눠진다. 해안산책길을 따라 걷다보면 맞은편으로 살짝 들어온 조명과 해 질 녘 하늘이 어우러진 절경을 품은 다산다리가 보인다. 사랑을 이루게 해준다는 두꺼비바위도 있다. 출렁다리와 그 주변 풍경이 매우 아름다운데, 다리에 조명이 따로 없어 늦은 저녁 시간대에 가니 어두워서 잘 보이지 않아 아쉬웠다. 실제로 건너보니 출렁이기보다는 살짝 흔들리는 정도였다. 겁이 많은 이들도 두려워하지 말고 도전해보길.

강진만생태공원
ⓒ여행스케치

사계절 언제 와도 예쁘네
강진만생태공원

짱뚱어가 뛰노는 66만㎡(약 20만평)의 광활한 갈대밭. 남해안 11개 하구 평균보다 2배 많은 1131종의 다양한 생물이 서식하는 이곳은 탐진강 하구와 강진천이 만나는 지역에 있다. 3km의 생태탐방로 갈대 군락지가 장관을 이룬다. 여름에는 넘실대는 초록 물결에, 가을에는 황토빛으로 무르익은 갈대 속에 파묻힐 수 있다. 드넓은 갈대밭을 한눈에 담고 싶어 공원 입구에 있는 전망대에 올랐다. 높은 데서 내려다봐도 고개를 돌려가며 감상해야 할 정도로 입이 떡 벌어지는 규모다.

여름에는 청량함을, 가을에는 차분함을 품은 강진의 힐링 명소. 자연 속에서 쉬어가고 싶은 이들은 물론, SNS 인증 사진을 찍느라 애쓰는 젊은이들의 취향까지 저격할 비주얼을 자랑한다. 빽빽한 일상은 잠시 접

어두고, '반전 매력'의 드넓은 갈대밭을 거닐며 모처럼 여유롭고 나른한 휴식을 가져보는 것도 좋겠다.

정약용 따라 사색을…
다산초당&백련사

다산초당은 조선 후기 실학사상을 집대성한 다산 정약용 선생이 18년간의 유배 기간 중 10여 년간 생활하며 '목민심서'를 비롯해 500여 권의 책을 저술했던 곳. 백련사에서 출발해 30분 정도 산길을 걸어 울창한 나무 사이 꼭꼭 숨겨진 이곳에 도착했다. 햇빛 몇 줄기가 내려앉으니 고즈넉한 분위기와 함께 신비로움을 자아낸다. 백련사에서 다산초당으로 이어지는 길은 다산 정약용 선생이 백련사의 명승 아암 혜장 선사를 만나기 위해 오가던 '사색의 길'이라고 한다. '저질 체력'인 데다가 전날 비가 많이 내려 다소 고된 여정이었지만, 동백나무와 차나무가 어우러진 이 길이 품고 있을 다산 선생의 기를 듬뿍 받아가겠다는 의지로 열심히 걸었다. 다산초당을 가기 전 방문한 백련사는 고려 8국사와 조선 8대사를 배출한 명찰로 주변에 산책할 만한 길도 많고 내려다보이는 풍경을 감상하기에도 좋아 다산초당과 함께 방문해볼 만하다.

절로 힐링되는 초록 물결
백운동원림&강진다원

'호남의 3대 정원'인 백운동원림은 조선 중기 처사 이담로가 꾸민 정원으로 다산 정약용, 초의선사, 이시헌 등이 공유하던 곳이다. 백운동(白雲洞)은 '월출산에서 흘러내린 물이 다시 안개가 돼 구름으로 올라가는 마을'이라는 뜻을 가졌다. 호남 전통 별서 정원의 원형이 잘 보전돼 있어 2019년 국가지정문화재 명승으로 지정됐다. 다산 정약용이 유배를 가던 중 이곳에 하룻밤 들렀다가 아름다움에 반했다는 이유를 알 것만 같은 울창한 대나무숲, 계곡 등을 구석구석에서 발견할 수 있었다. 정약용이 지은 시 '백

다산초당

강진다원

운첩'에 등장하는 12경을 찾아보는 것도 묘미다. 백운동원림에서 나와 바로 이어지는 드넓은 차밭 강진다원을 보자마자 'MS윈도 바탕화면 촬영지가 한국에 있다면 여기가 아닐까' 하는 생각이 머리를 스쳤다. '남한의 금강산'이라 불리는 월출산 밑으로 넓게 펼쳐진 차밭의 정경이 장관을 이루는 이곳. 설록차로 이름난 제다 업체 '태평양' 다원이 운영하는 차밭으로 면적이 33만㎡(약 10만평)에 이른다. 푸르름이 돋보이는 차밭과 월출산 바위의 절묘한 조화를 감상할 수 있다. 그윽한 차향을 맡으며 먼 산을 바라보니 절로 머리가 맑아지는 기분이다.

하멜의 발자국 따라…
전라병영성

전라병영성은 조선왕조 500년간 전라도와 제주도를 포함한 53주 6진을 총괄한 육군의 총지휘부였다. 유럽에 우리나라를 처음 소개한 '하멜표류기'의 저자 네덜란드인 하멜과 그의 일행이 1656년 강진 병영으로 유배돼 7년 동안 생활했던 곳이기도 하다. 오랜 역사와 많은 시련 속에서도 민족 저항정신의 산증거로 존속돼오다 1894년 동학농민전쟁으로 불타고 곧이어 갑오개혁의 신제도로 폐영됐다. 강진군의 복원정비 사업으로 성문과 성벽의 복원이 마무리돼 가고 있으며, 현재 내부 주요 시설 복원을 위해 발굴조사를 진행 중이다. 공사 및 발굴 조사로 아직은 내부가 휑하지만, 성벽을 따라 거닐기 좋다. 전라병영성의 동, 서, 남, 북문에는 모두 성문 보호를 위한 옹성(성문 앞에 설치된 항아리 모양의 시설물)이 있는데, 이곳에 담긴 의미는 차치하더라도 그 자태가 매우 아름다워 사진 스폿으로 활용하기에 제격이다.

전라남도 | 지리산국립공원

나만 알고 싶은
지리산국립공원 생태탐방원

진짜 마음에 드는 곳은 소문내기 싫다. 유명해지지 않았으면 좋겠다. 최근 그런 곳을 찾아냈다. 아는 사람만 쉬쉬하면서 간다는 국립공원 내 숨은 힐링 맛집이다. 국립공원공단이 '자연과 사람의 교감·상생·배움'을 목적으로 설립한 생태탐방원은 물 좋고 공기 좋고 풍경 좋은 곳을 엄선해 위치를 잡았다. 호젓한 한옥에서 고즈넉한 밤을 보낼 수도 있고 전문 해설사와 함께 국립공원 내 사찰을 탐방하고 반달가슴곰을 직접 관찰하기도 한다.

전국 국립공원 중
고르고 골라 딱 8곳에만

우리나라 국립공원은 모두 22개다. 이 중 생태탐방원이 위치한 곳은 북한산, 설악산, 소백산, 가야산, 한려해상, 지리산, 무등산, 내장산 등 8곳이다. 무등산생태탐방원만 공원 구역 바깥에 위치하고 나머지는 전부 공원 내에 있다. 앞으로 3개 더 추가할 예정으로 한창 공사 중이다. 가장 먼저 문을 연 곳은 북한산생태탐방원. 2011년 개원한 북한산생태탐방원에서는 일반인을 대상으로 힐링 프로그램을 운영할 뿐만 아니라 자연환경해설사, 지질공원해설사 양성 교육도 진행한다.

생태탐방원은 각각 위치한 국립공원 특성에 따라 프로그램이 조금씩 다르다. 예를 들어 설악산은 곰배령과 한계령 등 백두대

간 자연생태, 백담사 등 사찰 역사·문화, DMZ 안보·생태(을지전망대, 제4땅굴, 대암산 용늪) 프로그램이 대표적이고, 한려해상생태탐방원은 통영시의 대표적 관광자원(케이블카, 루지, 어드벤처타워, 출렁다리 등)과 국립공원의 자연생태자원(천혜의 비경 일몰, 바다백리길, 만지도 명품마을, 한산도 제승당 등)을 접목한 힐링형 관광상품을 제공하는 것이 목적이다.

생태탐방원 내에는 숙박이 가능한 생활관이 있는데 취사는 할 수 없다. 국립공원 내에서는 대피소 취사장, 야영장을 빼고는 취사가 금지돼 있다. 숙박요금과 체험비는 공공물가를 기준으로 기재부에서 정한다. 8곳 탐방원 숙박료는 전부 기본 6만원부터(세금별도, 4인 기준) 시작한다. 현재는 국립공원 예약시스템에서만 예약이 가능하지만 앞으로는 네이버 예약에서도 가능하도록 시스템을 도입 중이다.

지리산생태탐방원은 북한산에 이어 2015년 두 번째로 문을 연 생태탐방원이다. 우리나라 제1호 국립공원에 위치하는 생태탐방원답게 프로그램이 다양하다. 천년 고찰 화엄사 탐방부터 노고단 생태 프로그램은 물론 지리산 인근에서 수확한 녹차를 맛보는 '별명 야생화 차담', 청소년을 대상으로 진행하는 국립공원 직업 체험 등 독특한 프로그램이 한가득이다.

지리산생태탐방원 종복원기술원에서 관리하는 반달가슴곰

지리산생태탐방원을 특별하게 만들어주는 건 바로 반달가슴곰이다. 지리산생태탐방원과 바로 붙어 있는 종복원기술원에서 진행되는 '반달가슴곰 탐방 프로그램'은 멸종위기 야생동물인 반달가슴곰을 직접 관찰하는 프로그램이다. 매일 5회(오전 10시, 11시, 오후 1시 30분, 2시 30분, 3시 30분) 1시간 정도 걸린다. 강의실에서 반달가슴곰 생태에 대해 시청각교육을 하고 야외 방사장 주변으로 조성된 생태학습로를 따라 걸으면서 직접 곰을 관찰한다.

지리산생태탐방원은 주말에는 가족 단위 여행객이, 주중에는 학생 수련회나 소방관 등 심리 치유를 필요로 하는 단체 방문객이 온다. 드라마 '지리산'이 방영된 이후로 국립공원에 대한 관심이 높아졌다. 구례교육

지리산생태탐방원 한옥 숙소

지리산생태탐방원 야외 공간

청과 협업해 고교 학점제를 위한 프로그램도 시행할 계획이다. 지리산생태탐방원에는 현재 10개 이상 프로그램이 있다.

생태탐방원의 자랑은 바로 깔끔한 숙소. 국립공원 안에서 잠을 잘 수 있다. 지리산생태탐방원의 객실은 총 20개로 100명 정도를 동시에 수용할 수 있다. 4인 기준 기본방은 6만6000원으로 저렴하나, 숙소만 이용할 수 없다. 기본적으로 2인 이상 프로그램을 신청해야 숙소 예약이 가능하다. 체험비는 청소년 3960원부터, 어른 5390원부터다. 단체 방문객이 오는 날에는 탐방원 내 식당을 운영한다. 객실에서는 개별적으로 취사를 할 수 없다.

객실은 네 가지 종류로 나뉜다. A타입 일반실(10실), B타입 복층형(5실), B타입 단층형(3실), C타입 한옥형(2실)이 있다. A타입은 4인, B·C타입은 6인까지 이용할 수 있다. A타입과 B타입은 둥그렇게 생긴 생활관 건물에, C타입 한옥형은 생활관 옥상이 내려다보이는 약간 높은 곳에 독채로 지어 고즈넉하게 한옥 스테이도 즐길 수 있다. 6인 기준 12만원(세금 별도)으로 가성비가 좋은 대신 예약 경쟁이 치열하다. 매달 1일 오후 5시부터 다음 달 예약창이 열리는데 주말의 경우 몇 시간도 안돼 예약이 끝나버린다. 지리산생태탐방원 전체 규모는 4000평 정도다. 특히 이곳은 재방문율이 높다. 2021년 기준 전체 방문객 중 절반 이상이 3회 이상 방문한 손님이었다.

전라남도 | 장흥

정동진 말고 '정남진'…
문학의 향 가득하네

> 봄 꽃, 여름 물, 가을 억새, 겨울 눈길. 장흥여행의 주제를 계절별로 꼽자면 이렇게 요약할 수 있다. 봄에는 제암산 철쭉, 선학동 유채꽃이 핀다. 여름에는 매년 군에서 물 축제를 연다. 가을에는 천관산 억새가 유혹한다. 겨울에는 이청준 작가의 자전적 단편소설 '눈길'을 찾아 문학여행을 떠나 볼 수 있다. 글 자랑 함부로 하면 안 되는 장흥은 맛에도 일가견이 있다. 문학의 향 말고 군침 도는 냄새에 쉬이 발이 떨어지지 않는다.

나그네 발길 붙잡는
선학동 유채꽃

선학동은 원래 산 밑에 있다 해 산저마을이었다. 장흥 출신 이청준의 소설인 '선학동 나그네'의 배경이다. 소설은 임권택 감독의 100번째 영화 '천년학'의 원작이기도 하다. 인근에 영화 세트장이 있고, 이청준의 자전적 소설 '눈길'에 등장하는 생가도 있다.

소설과 영화를 보고 감동한 이들이 마을로 찾아들었다. 너무 볼거리가 없다고 생각한 마을 사람들이 2007년께부터 유채와 메밀을 심어 봄에는 노란 유채꽃밭, 가을에는 하얀 메밀밭을 조성했다. 그 대신에 보리와 콩 재배를 포기했다. 2011년에는 아예 마을 이름을 산저마을에서 선학동으로 바꿨다.

선학동 유채꽃

'천년학' 세트장 내부
ⓒ장흥군

영화 '천년학' 세트장

영화 '서편제' 역시 이청준의 동명 소설을 원작으로 한다. 영화가 끝나도 뭉클한 여운을 주는 마지막 롱테이크 장면은 임권택 감독과 이청준 작가가 함께 고른 장소다. 어린 시절 거닐었던 돌담길이 길게 이어진 장소를 찾다 보니 장흥군을 벗어나 인근 완도군의 청산도까지 가버렸다. 장흥군 입장에서는 두고두고 아쉬운 일이다. 이청준의 '선학동 나그네'를 원작으로 한 '천년학'은 '서편제'의 후속편 격이다.

대략 줄거리는 주인공 동호가 이복 누이를 찾는 이야기다. 세트장이 장흥군에 있다. 영화에서 이복 누이를 찾아 나선 주인공(조재현 분)과 주인장(류승룡 분)이 막걸리를 마시며 옛 추억을 회상하는 장소다.

이청준 자전 소설 '눈길' 속 생가

이청준은 장흥이 고향이다. 그는 "나는 늘 고향이 부끄러웠고 그 고향에서 쫓겨난 꼴이 된 자신이 부끄러웠습니다"라고 말했다. 그렇지만 그에게 고향은 창작의 젖줄이 됐다. 연작 '남도사람' 역시 고향 마을을 비롯해 장흥군과 그 주변을 배경으로 한다.

소설 '눈길'은 이청준이 K고등학교(광주일고)를 다니던 시절 집이 팔렸다는 소식을 듣고 귀향했을 때의 일을 바탕으로 한다. 어머니는 아들이 상심할까 팔린 집의 집주인에게 사정해 하룻밤을 재우고 돌려보낸다. 이튿날 새벽 둘은 미끄러운 눈길에 넘어지면 서로 일으켜주며 버스정류장이 있는 사거리까지 걸어간다. 아들은 버스를 타고 떠난다. 배웅을 마친 어머니는 혼자 돌아오는 길에 무슨 생각을 했을까. 아들은 몇십 년 지나고서야 며느리와 어머니의 대화를 통해 엿듣게 된다.

'눈길'에 등장하는 이청준이 살았던 집은 다른 이에게 팔렸다가 현재 장흥군이 매입해 관리하고 있다. '눈길'에서는 "다섯 칸 겹집에다 앞뒤 터가 운동장이었더니라"라고 꽤 큰 집으로 묘사돼 있지만, 실제로는 마당에 장독대가 있는 아담한 기와집이다. 내부에는 이청준의 유년기 사진이나 소설집이 진열돼 있다. 집 앞 방명록에는 천관산에 올랐다가 소설 '눈길'이 생각나 방문했다는 글귀가 남아 있었다.

이청준 생가

천관문학관 내부

등단 작가만 60여 명
장흥군 천관문학관

"여수에서 돈 자랑 말고, 순천에서 인물 자랑 말고, 벌교에서 주먹 자랑 말라"는 구절은 소설 '태백산맥'에 등장한다. 호남의 내로라하는 도시가 특징 지어진다. 전라도청 소속으로 장흥군에서 일하는 문화해설사는 "장흥에서는 글 자랑 말라"는 말을 추가할 수 있다고 했다. 장흥의 학교 교가에 빠짐없이 등장하는 천관산에서 이름을 따온 천관문학관에 가면 장흥이 낸 문인들 목록을 일일이 확인할 수 있다. 이청준뿐 아니라, 동갑내기 친구 한승원을 비롯해 등단 문인 60여 명의 대표작과 약력을 볼 수 있다. 참고로 한승원은 2016년 '채식주의자'로 맨부커상을 받은 한강의 아버지다. '녹두장군'을 쓴 송기숙, '생의 이면'을 쓴 이승우 등 한국 현대문학을 빛낸 문인들 역시 장흥 출신이다. 시인으로는 김영남, 이성관, 이한성, 박순길이 있다.

부록

북적이는 여름 해변
정동진 대신 '정남진' 어때?

여름휴가로 사람 많은 해수욕장을 찾기에도 걱정이 앞선다. 그렇다고 집에만 있는 게 답일까. 그래서 꺼내든 카드는 여름 산과 배롱나무가 아름다운 사찰과 정자. 정동진만큼 잘 알려지지는 않았지만, '정남진' 전라남도 장흥군으로 향했다. 정남진은 정동진과 같은 조어로 광화문에서 직선으로 남쪽 끝이다.

호남 5대 명산 천관산
산은 계절마다 보여주는 풍경이 다르다. 여름 산의 매력은 푸른 숲과 어우러진 새파란 하늘이다. 장흥군 천관산은 호남 5대 명산으로 꼽힌다. 나머지 4개 산은 지리산, 월출산, 내장산, 변산이다. 혹자는 천관산 정상부에서 바다 방향을 보면 제주도 한라산까지 보인다는데, '믿거나 말거나' 한 얘기다. 천관산의 매력은 그보다는 수풀을 뚫은 듯 우뚝 솟은 기암괴석이다. 다만, 여름철에는 더위에 지치지 않으려면 새벽부터 서둘러야 한다. 빠른 산행과 조망이 목적이라면 목적지는 연화대와 구룡봉 두 곳이다. 구룡봉으로 가는 최단거리 코스는 차로 탑산사 주차장까지 올라가서 등산을 시작하는 방법이다. 목적지까지는 총 1.2km가량으로, 걸어서 왕복 2시간30분 거리다. 최단거리 코스인 만큼 정상까지 가파른 경사를 쉼 없이 올라야 한다. 정상부에 도착하면 올챙이를 잔뜩 뿌린 개구리가 마치 루프톱 수영장에서 유유자적 여름을 즐기는 듯한 모습을 볼 수 있다. 건너편 구룡봉과 함께 바라보면 자연의 신비, 그 자체다.

용호정

배롱나무 어우러진 고찰

여름에 꽃을 피우는 배롱나무는 뜨거운 태양만큼이나 붉다. 7월부터 9월까지 백 일가량 꽃이 피어서 백일홍이라고 불린다. 부처꽃과에 속하는데, 어떤 승려가 물이 불어서 연꽃을 꺾을 수 없자 물가에 핀 붉은색의 꽃을 한 아름 꺾어 불전에 바쳤다고 한 데서 비롯됐다. 장흥군 가지산 자락 보림사는 인도 가지산의 보림사, 중국 가지산의 보림사와 함께 '동양의 3보림'으로 불린다. 사찰 경내에는 배롱나무가 잘 어우러져 있다. 이뿐만 아니라, 국보로 지정한 석탑과 석등, 철조비로자나불좌상, 보물로 지정한 동부도, 서부도, 보조선사 창성탑과 창성탑비 등 역사 유적도 있다. 보림사 뒤편에는 2009년 '제10회 아름다운 숲 전국대회'에서 어울림상을 수상한 비자림 숲길이 있는데 둘레길 걷듯이 쉬엄쉬엄 걸을 수 있다. 400년생 비자나무 600여 그루가 군락을 형성하고 있는 비자림은 방대한 산림욕장으로도 손색이 없다.

보림사

강이 내려다보이는 정자

옛 선현들이 정자에서 시를 읊고 여가를 즐긴 장소는 정자다. 지금은 마을마다 새로이 무더위 쉼터를 가옥 근처에 지었지만, 풍경과 운치만큼은 정자를 따라갈 수가 없다. 탐진강 상류 용소 벼랑 위에 세워진 용호정은 10m 아래에 강이 흐르고 해발 높이 250m의 기역산이 남서 방향에 솟아 있어 시원한 산수경관을 자랑한다. 정자 주변이 울창한 숲을 이루면서부터 용호정원림(전라남도 기념물 제68호)이라 부른다. 참고로 원림이란 집터에 딸린 숲을 뜻한다. 용호정은 효심 지긋한 최규문이라는 선비가 1829년 비가 와서 강물이 넘치면 강 건너 부친의 묘에 성묘를 못하게 되니, 이를 안타깝게 여겨 세웠다.

탐진강 상류에 자리 잡은 동백정은 이름처럼 뜰 안에 동백이 가득하다. 조선 세조 때 의정부 좌찬성을 지낸 김린이 관직에서 은퇴한 후 은거하며 다른 선비들과 시재를 겨루기 위해 정자를 세웠다고 전한다. 동백정은 1715년부터 청주 김씨를 비롯한 마을 사람이 모두 참석하는 대동계 집회소와 별신제 장소로 이용하면서 마을의 정자 역할을 해왔다. 정자 안쪽에는 동백정 기문과 상량문, 중수기, 동백정운 등 모두 17점의 편액이 있다. 1988년 12월 21일 전라남도 문화재자료 제169호로 지정했다.

동백정
© 지엔씨이십일

무계고택에 거주하며 송백정을 관리하는 고병선 선생.
그는 독립유공자인 고영완의 장남이다.

평화마을 송백정

상선약수마을로 불리는 장흥읍 평화마을 입구에서 가까운 무계고택(고영완 고택) 앞 송백정도 경관이다. 배롱나무 군락과 소나무가 어우러진 송백정은 상선약수마을에서 최고의 절경을 자랑한다. 송백정의 정은 정자(亭子)가 아니라 우물(井)을 뜻한다. 200여 년 전에 만들어진 송백정에는 조성 당시 심은 네 그루의 소나무와 함께 1934년 연못을 확장하면서 심은 배롱나무 50여 그루가 그림 같은 풍경을 선사한다. 꽃이 피는 6월 중순에서 9월 중순까지 100여 일 동안 하얀색, 붉은색, 분홍색, 보라색 등 다양한 색채의 꽃을 볼 수 있다. 특히 배롱나무가 만개하는 8월이면 짙은 분홍색이 연못 주변을 감싸 몽환적인 아름다움을 선사한다.

피톤치드 뿜는 우드랜드

숲 냄새는 맡고 싶고, 움직이고 싶은데 등산까지는 무리라면 우드랜드가 적절한 대안이다. 40년 이상 아름드리 편백나무로 둘러싸인 휴양림은 규모가 100만㎡(약 30만평)다. 통나무주택, 황토주택, 한옥 등 숲속에서 건강 체험을 할 수 있는 숙박시설과 생태건축을 체험할 수 있는 목재문화체험관, 목공 및 생태건축체험장, 숲 치유의 장, 산야초단지, 말레길 등으로 조성돼 있다. 목재문화체험관에서는 숲과 나무에 관한 내용과 목재 문화 전반에 관한 내용을 체험할 수 있다. 오전 8시부터 밤 12시(일~목요일, 금~토요일 24시간 운영)까지 편백소금찜질방에서 휴양과 건강 체험을 동시에 즐길 수 있다. 통나무주택, 황토주택, 한옥 등 숲속에 마련된 숙박시설에서 하루나 이틀 머물면서 '숲멍'을 즐길 수도 있다.

장흥군에 있는 정남진 편백숲 우드랜드는
체험 프로그램과 숙박까지 갖춘 힐링 여행지다.

© 지엔씨이십일

부록

갯장어샤부샤부, 된장물회, 장흥삼합…
정남진 보양식

키조개

장흥삼합

남도에는 맛있는 음식이 많다. 웬만해서는 음식 자랑하기가 쉽지 않다. 장흥군에서 세 가지만 꼽자면 장흥삼합, 갯장어샤부샤부, 된장물회다. 한우는 생산량에서 압도한다. 한우는 장흥군이 지방자치단체 중 생산량이 2위다. 1위는 강원도 횡성. 질은 양에서 나오는 법이다. 표고버섯은 해풍과 탐진강의 아침 안개를 먹고 자란다. 토종 소나무에서 키우는 옛날 방식 그대로 생산한다고 장흥군은 자부한다. 키조개는 장흥군이 전국 생산의 84%를 차지한다. 영양분이 풍부한 개펄에서 자랐기 때문에 부드럽고 향긋하며 살이 연하다. 패주의 크기도 다른 지역 키조개보다 월등히 큰 편이다. 키조개는 데쳐서 초고추장에 찍어 먹기도 하고, 불판에 살짝 굽거나 회무침으로도 즐겨 먹는다.

장흥삼합은 장흥 대표 식품 알리기 노력이 빛은 창작물이다. 장흥을 대표하는 재료를 세 개 모아서 전라도 대표 음식 홍어삼합처럼 조합했다. 키조개 관자의 부드러움과 표고버섯의 쫄깃함, 한우의 감칠맛이 조화롭게 어우러져 따로 먹을 때보다 더 음식 맛이 깊어진다. 소고기는 따로 구매해 음식점에서 삼합 세팅 비용을 별도 지급하고 먹는 경우가 많다. 신선한 재료다 보니 너무 익히지 않게 구워서 쌈장이나 채소에 곁들여 먹으면 강하지 않으면서도 넉넉한 풍미가 입 안 가득 느껴진다. 한 방송에서 '백주부' 백종원도 촬영을 잊은 듯 무아지경으로 먹방을 선보이기도 했다. 장흥토요시장에는 한우를 기반으로 장흥 삼합을 판매하는 식당이 여럿 있다.

여름철 대표 보양식은 장어다. 장어는 크게 네

갯장어샤부샤부   된장물회   먹갑오징어찜

종류인데, 바다에 사는 장어는 붕장어, 갯장어, 먹장어다. 장흥에서는 갯장어를 즐긴다. 장흥의 남쪽 안양면 여다지 해변은 한국관광공사가 가장 깨끗한 갯벌로 선정한 곳인데, 이곳에서 장어가 많이 잡힌다.

갯장어샤부샤부는 주로 석불에 구워 먹는 먹장어와는 먹는 방식이 전혀 다르다. 죽었는지 살았는지 꼬물꼬물 몸부림치는 모습을 볼 수 없다. 갯장어샤부샤부는 뼈가 살짝 붙은 생선회가 쟁반에 나온다. 샤부샤부 먹듯이 냄비에 넣어 데쳐 먹는다. 육수는 대추와 당귀, 엄나무를 넣고 끓여 삼계탕 국물만큼이나 진하다. 샤부샤부를 먹은 후에는 죽으로도 즐길 수 있다. 갯장어샤부샤부는 끓는 물에 살짝만 데쳐야 식감이 살아 있다. 너무 오래 두면 다소 뻑뻑해진다. 샤부샤부는 향이나 맛이 자극적이지 않고 다소 심심하니, 양파나 쌈을 싸서 먹으면 궁합이 잘 맞는다.

된장물회는 고기잡이 나간 어부들이 배에서 고된 일과 중에 밥을 만들어 먹다가 탄생했다고 알려져 있다. 일종의 패스트푸드인 셈인데, 준비해간 김치가 시어버려 잡아 올린 생선과 된장을 섞어 먹은 데서 유래했다고 한다. 배에서 먹다가 집에 돌아와 육지에서도 먹게 된 것이다. 이유는 두말하면 잔소리겠다. 맛있으니까! 동해안 쪽에서는 물회에 얼음과 초고추장을 듬뿍 넣어 무쳐 먹는데, 장흥은 다르다. 된장과 열무김치가 그 역할을 한다. 그렇다고 된장찌개 같은 맛은 아니다. 청양고추의 칼칼한 맛과 된장의 구수한 맛이 잘 어우러져서 시큼한 편이다. 물론 냉면처럼 시원하다. 그냥 먹어도 좋고 밥을 말아 먹어도 일품이다. 보통 집에서는 농어 새끼, 돔, 뱀장어 등 싱싱한 생선이면 가리지 않고 넣어 먹지만, 식당에서는 대부분 농어 새끼를 재료로 쓴다. 숙취 해소에도 탁월한 효과가 있어 점심에 찾는 이가 많다.

한 가지 더 언급하자면 먹갑오징어찜이다. 갑오징어가 살이 통통하게 오른 봄이 제철이다. 탱글탱글한 갑오징어는 다른 오징어에 비교해 식감이 매우 단단하면서도 부드럽고 영양성분도 풍부하다. 약으로도 쓰이는 갑오징어의 먹물과 함께 먹으면 고소함도 영양도 두 배가 된다. 미식가들에게 인기 만점인 봄철 별미, 갑오징어는 신선한 회로 먹는 것도 맛있고, 진한 먹물과 함께 먹는 먹찜도 일품이다.

전라남도 | 목포

낭만 항구 품은 목포,
밤이 깊어질수록 짙어지는 매력

> 목포는 낭만 항구다. 2019년 9월 개통한 해상케이블카가 명물로 부상했지만, 원도심의 매력도 깊고 진하다. 낮에는 원도심을 거닐다가 밤이 깊어지면 야간 관광 명소로 이동하는 일정을 추천한다. 밤이 깊어질수록 더욱 낭만적으로 변신한다. 게다가 목포는 맛있는 항구도시다. 목포 9미(味)를 제대로 맛보려면 일정을 최소한 3박4일로 잡아야 한다.

"멀리서 보면 뉴질랜드나 호주의 다운타운인 거 같은데, 실상은 올드타운이었어요." 홍동우 괜찮아마을 공동대표는 노적봉에서 목포 시내를 내려다보며 전체적인 인상을 설명했다. 본격 투어에 앞서 그는 "달을 가리키는 손가락을 봐달라"고 했다. 목포가 고향도 아니면서 5년 동안 목포에서 먹고 자며 정착한 '서울 촌놈'의 시선을 주목해 달라는 의미였다. 홍 대표는 익스퍼루트라는 여행사를 차려 젊은이들과 전국을 누빈 거리만 지구 2바퀴이고, 함께한 여행자만 1300여 명이다. 타지에서 온 여행전문가이자 이제는 '목포의 사위'인 홍 대표의 제안대로 따라보기로 했다. 원도심 투어 끝에는 '남도맛기행'이 있는 감칠맛 나는 여행이었다.

목포 노적봉에서 내려다본 원도심

'목포의 사위'와 원도심 여행

목포 여행의 출발점은 노적봉이다. 목포는 일제 수탈의 역사 이전에 왜란 극복의 선봉에 섰던 흔적이 남아 있었다. 홍 대표는 일제강점기에 활동한 가수 이난영의 '목포의 눈물'을 틀어줬다. 지금으로 치면 아이유나 볼빨간사춘기급이라는 부연설명과 함께 2절 가사를 읊었다. 첫 소절이 "삼백년 원안풍(鴛鴦風)은 노적봉 밑에"인데 원안풍은 일제의 검열을 피하기 위한 가사였다. 모두가 "원한 품은"이라고 불렀다.

노적봉에 대한 홍 대표의 설명이 이어졌다. "'목포의 눈물'이 나온 1935년의 300여 년 전에 고하도에 이순신이 왔다. 고하도에 머물면서 신안군 1000여 개 섬을 관찰하며 왜군에게 반격할 토대를 닦았다. 노적봉에 볏짚을 덮어 쌀가마니가 쌓인 것처럼 보이게 해 병사가 많은 것처럼 꾸몄다." 여담이

고하도 전망대
고하도 전망대를 따라 오르거나 해안을 따라 조성된 데크 산책길을 걷는 것도 묘미다.

지만, 그래서 목포해상케이블카를 타고 유달산을 거쳐 고하도에 내리면 판옥선 모양을 형상화한 고하도 전망대가 있다.

노적봉 전망대에서 목포 바다를 바라보면 원도심이 한눈에 들어온다. 홍 대표는 "고종이 대한제국을 세운 1897년 자주적 항구로 목포를 개항했다. 기대와는 다르게 1900년

일본 영사관이 만들어졌다. 일본 노동자와 관료들이 이주해왔다. 한때 일본이 지은 건물을 없애자는 얘기도 있었다"고 했다. 심상소학교에 일본인 교장이 생일 선물로 받은 호랑이 박제는 불갑산에서 잡힌 마지막 호랑이다. 일본인 목재상이 지은 이훈동 정원에서는 드라마 '모래시계'와 '장군의 아들' '야인시대' 등을 촬영했다. 6600 m^2(약 2000평)가 넘는 정원 한가운데 우뚝 솟은 소나무는 감정가가 최저 5억원이라고 했다. 멀리서도 식별되는 개성 강한 건물들에 대해 간단히 소개만 들어도 끝이 없었다.

노적봉에서 목포 시내를 내려다보면 근대문화유산으로 지정된 적산가옥과 일제가 지어놓은 건물이 보이지만, 일제 이전의 목포와 해방 이후의 목포가 엄연히 공존한다. 그 속으로 발길을 옮겨보았다.

노적봉에서 내리막길로 처음 만나는 대표적인 유산이자 건물은 목포근대역사관 1관이다. 만들 때 일제가 목포를 한눈에 감시하고 관리했던 일본 영사관이었다. 해방 후 시청이었다가 도서관으로 사용했다. 그래서 목포 할아버지는 시청으로 기억하고, 아주머니는 도서관으로, 학생들은 드라마 '호텔 델루나' 촬영지로 알고 있다.

홍 대표가 창문 위에 문양을 가리키면서 "전범기가 남아 있다"며 안타까워했다. 그러면서 전범기 안에 있는 문양이 꼭 목포의

목포근대역사관 1관.
일장기 문양이 남아 있다.

포 같다고 덧붙였다. 역사적·학술적 근거는 전혀 없는, 독창적 해석이었다. 피식 웃음이 나왔다. 박물관의 파편 자국은 한국전쟁 중에 남았다. 총탄을 보관하고 있다.

목포근대역사관 1관에서 조금 더 내려오면 소녀상이 있다. 소녀상 옆자리에 빈 의자가 놓여 있다. 박물관 앞 도로 바닥에 표식이 있는데, 한반도 1호 국도와 2호 국도의 출발점이다. 1번 국도는 목포에서 대전, 서울 찍고 신의주까지 이어지고, 2번은 부산 방향이다.

예전에 동양척식주식회사 목포지점으로 쓰인 건물인 목포근대역사관 2관을 지나면

곳곳에 적산가옥이 남아 있다. 그중에는 배우 허장강의 처갓집이자 배우 허준호의 외갓집도 있다.
원도심 투어의 끝은 오거리다. 일제강점기 오거리를 기준으로 북쪽엔 한국인이 살았고, 남쪽에는 일본인이 살았다. 일본인 거주지역은 치외법권 지역이었다. 주먹패들이 조합을 만들어 상권을 지키고 조선사람을 보호했다. 나름 정의로운 주먹들은 해방 후 다른 일거리를 찾아 상경하기도 했다. 홍 대표는 옛날 방송의 드라마에서 건달이 죄다 호남쪽, 특히 목포 사투리를 쓰는 이유라고 설명했다.

목포해상케이블카 낙조

하늘에서 감상하는
목포 유달산~고하도…
신선놀음이 따로 없네

2019년 9월 목포에 시원한 하늘길이 열렸다. 유달산과 목포 앞바다, 고하도에 이르는 3.23km의 국내 최장 해상케이블카인 목포해상케이블카가 개통했다. 산해진미와 풍경이 모여 낭만 항구도시가 완성됐다. 입에 더해 눈까지 더욱 즐거워졌다.
둥실 떠오른다. 잠시 출렁이더니 이내 잔잔한 바다 위를 나아가듯 순항한다. 저 멀리 구름이 흐르고, 발밑으로는 나무가 흔들린다. 아 웬걸, 바다가 아니라 하늘이다.
목포해상케이블카는 북항~유달산~고하도에 이른다. 편도로도 티켓을 살 수 있고, 왕복으로도 끊을 수 있다. 가격은 바닥이 유리인 크리스탈캐빈이 성인 기준 2만7000원, 일반 캐빈이 2만2000원이다. 목포 시민은 4000원 할인받는다.
왕복으로는 40분가량 산과 바다와 도심 풍경까지 즐길 수 있는데, 스테이션에 내려서 거닐 수 있는 것이 포인트다. 목포의 명물 유달산에서 내릴지 말지는 선택이다. 일등바위와 이등바위를 위시한 기암괴석을 감상하고 다시 탈 수 있는데 길이 다소 가파르다. 고하도 스테이션에서는 내렸다가 타야 한다.
섬 북쪽에 위치한 스테이션에서 내리면 멀리 남쪽으로 신기한 건물이 보인다. 가까이

가서 보니 배를 겹친 모양이다. '신에게는 아직 12척의 함선이 남아 있사오니…' 바로 그 충무공 이순신의 판옥선이다. 근데 왜 13척일까? 일설에 따르면 멀리 배 한 척이 더 있었다고 한다.

판옥선 전망대가 이순신 마케팅에 근거 없이 동참한 건 아니다. 충무공 이순신은 명량대첩에서 승리를 거두고 106일 동안 고하도에 머무르며 전열을 가다듬었다. 지금의 목포대교 근방을 지나는 배들에 해협통행세를 걷어 함선 제조와 수군 양성에 활용했다.

판옥선 전망대는 엘리베이터가 따로 없어 5층까지 계단으로 올라야 하는데, 오르다 보면 '끝까지 올라간 보람을 느끼게 해드립니다'라는 문구가 벽에 적혀 있다. 층마다 목포의 역사와 먹거리, 볼거리를 소개한 전시물을 찬찬히 보면서 옥상으로 오르면 정말로 보람을 느낄 수 있다. 고하도와 유달산, 바다, 그리고 하늘을 수놓은 케이블카를 눈에 담을 수 있다.

고하도 옆으로 조성된 데크를 따라 걷는 것도 묘미다. 길 중간에 이순신 동상이 맞아주고, 최북단에는 황금빛 용머리상과 목포대교를 만날 수 있다. 밤이 되면 데크와 목포대교에 불을 밝혀 야경도 압권이다. 느릿느릿 천천히 걸으면 왕복으로 40분 정도 걸린다.

목포의 밤 깊어질수록…
여행의 낭만 짙어지네

목포 밤바다에는 낭만이 있다. 근대문화유산이 즐비한 레트로 성지 목포에 맛과 '힙'한 감각이 더해졌다. 서울 용산역에서 KTX로 2시간30여 분이면 닿는 목포에서 건져 올린 낭만에 대해 딱 다섯 가지만 꼽아봤다. 밤이 깊어갈수록 짙어지는 낭만에 취해보자.

버스킹 공연 보는 항구포차

삼학도 해경 용지는 밤이 되면 깨어난다. 저녁 6시께 하늘이 어스름해지면 어디선가 삼삼오오 직장 동료나 친구들이 몰려든다. 2020년 여름부터 이곳에 자리 잡은 항구포차로 향하는 발걸음이다. 줄지어 선 컨테이너박스가 낙지탕탕이나 홍어삼합 같은 목포 대표 먹거리를 포함해 랍스터, 유산슬 등 포차에 어울리는 다양한 메뉴로 목포 시민을 맞고 있다. 주거 지역과 거리가 있어 소음 논란도 원천 차단됐다. 이 덕분에 금요일과 토요일 저녁에는 버스킹 공연도 펼쳐진다. 맛의 수도 목포답게 맛도 보장된다. 시에서 임격하게 15개 포차를 선발했다. 다만 관광객 입장에서는 목포 9미를 포함한

항구포차

남도 음식이 조금 더 많았으면 하는 아쉬움은 남는다. 포차에서 술잔을 기울이며 보는 건너편 목포 항구의 전경은 야식 맛을 더한다. 포차는 매일 오후 6시에 열고 다음 날 새벽 1시에 닫는다. 삼학도를 기점으로 운영하는 22번 낭만버스를 타면 목포역에서 10분 거리다. 버스는 오전에는 1시간 간격, 오후에는 30분 간격으로 운행한다. 막차 시간은 오후 10시다(목포 항구포차 : 전남 목포시 삼학로92번길 104).

대형 유람선 타고 바다분수 쇼

항구포차 옆 삼학도 항구에는 유람선이 뜬다. 대형선인 '삼학도크루즈'는 969t으로 승선 인원이 570명에 달한다. 소형선인 '유달산크루즈'는 196t으로 승선 정원이 189명이다. 주·야간으로 출항하는데, 야간 코스가 끝내준다. 야간 코스는 삼학도~해상케이블카타워~목포대교~갓바위~평화광장~바다분수를 둘러본다. 소요 시간은 1시간이다. 주간에는 장좌도, 달리도 등을 추가해 1시간 30분이 걸린다. 갑판으로 올라오면 다도해 전경이 시원하게 펼쳐진다. 스피커를 통해 레트로 감성이 충만한 애잔한 팝송과

ⓒ 목포시

ⓒ 목포시
바다분수 쇼

'첨밀밀'의 번안곡 등이 흘러나와 정취를 더한다.

유람선은 형형색색 불을 뿜는 목포의 랜드마크를 쭉 지난다. 목포대교 밑을 지나 유달산과 목포해양대까지 찍고 돌아와 하이라이트인 평화광장 앞 바다분수로 향한다. 분수는 노래에 맞춰 율동을 하듯 70m까지 물을 시원하게 쏘아 올린다. 여기에 레이저 불빛이 더해져 마치 분수가 춤을 추는 것 같다. 일주일 전에 신청하면 사연을 소개해 주기도 해 프러포즈 코스로 인기 만점이다. 삼학도크루즈는 어른 2만원, 유달산크루즈는 어른 1만5000원이다. 매주 월요일에는 휴항한다(삼학도크루즈 : 전남 목포시 삼학로92번길 104).

ⓒ 목포시
삼학도크루즈

해 진 후에도 멋진 케이블카

2019년에 등장한 목포해상케이블카는 해 질 녘 일몰에 타는 것도 좋지만 해가 진 뒤 야경을 감상하기에도 그만이다. 길이는 3.23km로 국내 최장이고, 높이도 주탑 155m로 국내 최고다. 북항~유달산~고하도는 40분 코스인데, 중간에 유달산 스테이

스카이워크

© 목포시

SNS 성지 대반동201과 스카이워크

대반동201은 인스타그램을 뜨겁게 달군 풍경 명소 카페다. 201은 이(2) 세상에 오(0)직 하나(1)뿐이라는 의미다. 카페에 들어서면 우선 대기 줄을 보고 깜짝 놀란다. 평일 오후에 가도 만석에 가깝다. 특히 바다쪽 테라스 자리가 인기다. 너 나 할 것 없이 뒤로 펼쳐진 목포대교와 해상케이블카가 어우러진 풍경을 배경으로 사진 찍기에 여념이 없다. 대반동201이 하얀색으로 곱게 새겨진 바삭한 과자 빨미카레가 잘 팔린다. 커피와 나란히 놓으면 완벽하게 인스타그램 '좋아요' 폭발 각이다. 카페 느낌이지만 피자와 치킨, 맥주도 다양하게 구비해 놓았다.

바로 옆 해안에 목포시가 14억원을 들여 스

션에서 내려 목포 시내 전경을 감상하거나 고하도 스테이션에서 내려 섬을 감고 설치된 1080m 데크길을 걸을 수도 있다. 길의 끝에는 용머리 동상이 목포대교 방향으로 용틀임을 하는 포즈를 취하고 있다. 고하도에는 배가 13척 겹겹이 쌓인 모습의 판옥선 전망대가 있어 목포대교와 다도해를 한눈에 감상할 수 있다. 전망대에 오르면 유달산과 케이블카, 고하도 데크길, 목포대교까지 불을 밝혀 낮과는 다른 로맨틱한 풍경을 감상할 수 있다. 하계(3~10월) 운행시간은 오전 9시에 시작해 일~목요일은 오후 10시까지, 금~토요일은 오후 11시까지다. 티켓은 폐장 1시간 전까지 발권한다(목포해상케이블카 북항승강장 : 전남 목포시 해양대학로 240).

카이워크를 조성했다. 바다 위로 걷는 스릴을 선사하는 스카이워크는 길이 54m, 높이 15m로 투명한 유리를 통해 발 아래 풍경을 감상할 수 있다. 스카이워크는 하절기(3~10월)에는 오전 9시부터 오후 9시까지 무료로 운영된다. 안전사고 방지를 위해 야간에는 출입이 통제된다(대반동201 : 전남 목포시 해양대학로 59 유달유원지 2층).

토끼 인형, 줄줄이 늘어선 맥주병 등 인테리어를 구경하는 재미도 쏠쏠하다. 자정이 다가올수록 손님이 늘고 잔을 부딪치고 화기애애하게 떠드는 소리가 흘러넘쳤다. 목포 젊은이들은 다 여기에 모이는가 싶었다. 오후 5시 30분에 열어 새벽 3~4시까지 운영한다(파머스브루어리 : 전남 목포시 원형동로 13).

여정의 마무리는 목포 맥주

오직 목포에서만 마실 수 있는 맥주가 있다. 이름부터 목포스럽다. 유달산 스타우트와 갓바위 엠버에일이다. 평화광장에 있는 파머스브루어리 목포점에서 판매한다. 파머스브루어리는 전북 고창에서 직접 만들어 오는 수제맥주로 유명하다. 대표 메뉴인 파머스드라이는 국산 쌀과 보리로 만들어 깔끔한 맛이 특징이다. 그렇지만 목포에서는 스모키한 향과 묵직한 보디감이 강한 유달산 스타우트와 몰트향이 풍부한 미국식 크래프트 맥주 갓바위 엠버에일을 추천한다. 기본안주로 프레첼 과자가 나오고, 페퍼로니 피자가 '존맛탱'으로 알려졌다.
1층에는 다트게임기가 있고, 2층에는 뮤직비디오나 영화를 빔 프로젝트로 상영한다. 반짝이는 전구와 톡톡 튀는 포스터, 귀여운

부록

목포 대표 먹거리 총리밥상,
윤여정도 먹었다는데…

목포는 시가 슬로건을 '맛의 수도'로 정했을 정도로 맛에 대한 자부심이 대단하다. 목포의 사위 홍 대표에게 식당을 추천해달라고 했더니, 그는 오거리식당으로 안내했다. 주변 백반집이 다 맛있지만, '총리밥상'으로 알려진 오거리식당이 대표 격이다. 이낙연이 전남도지사 시절 자주 찾았다. 그 외 유명인 방문이 하도 잦아 일일이 열거할 수 없으나, 작년 윤여정 배우와 이정은 배우도 방문했다.

처음 내어준 반찬만 보고도 많다는 생각이 들었는데(왼쪽 사진), 시작에 불과했다. 성인 남녀 4명이 다 먹을 수 없는 양이 나왔다.

윤여정도 반한 총리밥상

처음 내어준 반찬만 보고도 많다는 생각이 들었는데, 시작에 불과했다. 엄청난 양에 비해 가격은 약소하다. '총리밥상'은 1인당 2만5000원이다. 4명 기준 한 상에 10만원인데, 상다리가 부러지지 않은 게 신기할 지경으로 반찬이 나온다. 성인 남녀 4명이 다 먹기 쉽지 않은 어마어마한 양이 나왔다.

이곳 홍어는 많이 삭히지 않은 것이 특징이다. 코가 찡한 맛을 기대하면 다소 아쉬울 수 있지만, 쫄깃하고 싱싱해서 초심자도 부담스럽지

한마을 떡 팥빙수

한마을 떡 할머니 바리스타

않게 입문할 수 있다. 당일 새벽 시장에서 공수해오는 제철 물고기가 회로 나오면 싱싱하고, 구이로 나오면 고소하고, 찜으로 나오면 짭조름하다. 레퍼토리가 다양하니 먹는 맛이 배가된다. 총리밥상 가격이 부담스럽다면 1만1000원짜리 생선백반을 시키고, 홍어를 추가로 주문하는 방법도 있다.

14년 전 가격 그대로 할머니 바리스타

밥 배와 후식 배는 따로 있다. 목포는 목포 9미뿐 아니라 디저트 격 주전부리도 우수하다. 홍 대표가 선택한 맛집은 지역 명물인 코롬방제과, 쑥꿀레가 아니었다. 후식은 할머니 바리스타가 만드는 팥빙수를 선택했다. 14년 전부터 아메리카노 2000원, 눈꽃빙수 5000원 가격을 고수한다. 커피에 떡을 먹어도 5000~6000원선으로, 프랜차이즈 커피전문점 커피 한 잔 가격이다. 가격을 올리지 않는 이유가 궁금했다. 백발이 성성한 주인장에게 여쭤봤다.

"관광객을 위한 게 아니라 목포 시민을 위해서 가격을 14년 전부터 그대로 받고 있다. 서울 물가는 너무 비싸다. 내 집 앞 소비자에게 예쁘지는 않지만, 다른 데 없는 떡을 만들어 내놓는다. (떡이) 누구 입으로 시집갈지 생각하면서 만든다. 손님들과 대화도 즐겁다." 80세가 넘어 커피를 배운 할머니 바리스타 강정숙 선생님은 1935년생이다. 아버지를 일찍 여의고 학업을 잇기 어려워 신문 배달, 옷 장사 등 안 해본 게 없다. 4남매를 키우고 '한마을 떡' 자리에서 슈퍼마켓을 하다가 80세가 넘어 바리스타 자격증을 취득했다. 잠시 우르르 몰려오는 관광객이 아니라 가난한 목포 사람을 위해서 만든다는 말이었다. 힘들지 않으시냐고 여쭤보니 "몸은 고단해도 아침에 일찍 일어나 진열하고 나면 '밥은 먹고 살겠구나. 이 손이 보험이다. 열심히 일하자'라는 생각을 한다"며 웃었다.

10

전라북도

전라북도 | 완주

BTS가 띄운 완주,
구석구석 완주 여행법

전주 옆 완주는 어느새 전주만큼이나 유명한 여행지가 됐다. BTS가 2019년 썸머 패키지 촬영을 위해 완주를 방문한 덕분이다. 이때 BTS는 오성한옥마을 아원고택을 5일 동안 통째로 빌려서 먹고 잤다. 주변 오성제 저수지의 나홀로나무, 위봉산성에서 사진을 찍고, 경각산 패러글라이딩을 탄 모습이 썸머 패키지에 담겼다. 자연스럽게 전 세계에 완주가 알려졌다. 완주는 BTS 때문에 떴지만, BTS 순례 여행만으로 다녀오기엔 아까운 도시다. 제대로 완주하는 여행을 추천한다.

여전히 인기인 아원고택과 오성한옥마을

아원고택은 여전히 예약이 어렵다. 고택에서 일하는 전하루 매니저는 "코로나 시국이 한창이던 무렵에는 전날 취소하는 분도 있었다"고 전했다. 그렇지만 지금은 평일에는 적어도 3개월 전, 주말에는 6개월 전에는 예약을 해 두어야 한다고 전 매니저는 귀띔했다.

아원고택은 방이 4개로 숙박료가 30만부터 100만원까지 다양하다. 결코 싼 가격은 아니지만, 고택 마루에 앉거나 누워 오성제 저수지와 종남산과 위봉산이 어우러진 풍경을 보고 있노라면 그 자체로 힐링이 된다고 한다. 시간이 멈춰버렸으면 좋겠다는 후기가 와 닿는다. 참고로 BTS는 4채를 모두 빌렸다. 그것도 장장 5일 동안이나. '만사

제쳐놓고 쉼을 얻는 곳'이라는 만휴당과 안채, 사랑채, 별채로 구성되는데, 안채와 사랑채는 진주의 250년 고택, 정읍의 150년 고택을 이축했다. 기본 뼈대는 그대로 살리고 서까래와 기와만 교체했다. 아원(我院)은 '우리들의 정원'이라는 뜻이다. 현재 아원고택은 전라남도 함평에 있는 서당을 옮기는 공사를 하고 있다.

아원고택 숙박도 좋지만, 인근 카페 투어도 신이 난다. 우선 아원고택 1층은 갤러리 카페다. 고택에서 숙박하기 전에 대기하는 장소와 식당 자리 등을 둘러보며 차를 마실 수 있다. 인근 오스갤러리는 1995년 잠종장으로 사용하던 공간을 미술관과 카페로 개조해 만들었다. 연 4~5회 전시전이 바뀌며, 억대를 호가하는 장비들이 갖춰진 음악감상실이 있다. 원두도 계절에 따라 생두를 구매해 직접 로스팅한다. 눈길을 끄는 마스코트가 있다. 꼭 사자처럼 생긴 녀석은 사실 개다. 중국 종인 차우차우 견으로 이름은 순남이다. 누나가 아원고택에 사는 순진이다. 무섭게 생겼지만 순남이는 워낙 순해서 순진이에게 늘 두들겨 맞는다고 한다.

오성제 저수지에서 BTS의 팬클럽 아미가 반드시 방문하는 장소가 있다. 이제는 BTS 나무라 불리는 오성제 소나무다. 원래는 드라마 '발효가족'의 수목장 장면을 위해 심은 나무였다고 한다.

아원고택

오성제 저수지 인근 카페 오스갤러리

위봉폭포와 위봉산성

이미 많이 알려졌지만, 그래도 위봉 형제를 언급하지 않을 수 없다. 위봉폭포는 전망대에서는 2단으로 꺾어 물줄기가 시원하게 내리꽂히는 모습이 보인다. 산길을 따라 가

위봉폭포
ⓒ 지엔씨이십일

BTS처럼 하늘 날아볼까, 경각산 패러글라이딩

완주에서 가장 뜬 관광지는 아원고택과 오성제 저수지다. BTS가 묵고 뮤직비디오도 찍었으니 그럴 수밖에. 그리고 액티비티로는 완주와 임실군 사이에 있는 경각산의 패러글라이딩이 있다. BTS 멤버들이 패러글라이딩을 타고 완주 하늘을 날았다. 강원도에나 있을 법한 패러글라이딩인데, 전라도에서 할 수 있다니 놀라울 따름이다. 패러글라이딩 비행 경험이 없어도 전문 파일럿과 함께 체험 패러글라이딩을 즐길 수 있다. 단, 날씨가 맞아야 한다. 바람이 자칫 패러글라이더를 뒤집을 수 있어 바람이 살랑살랑 부는 날에만 비행을 허락한다.

사실 패러글라이딩 업체에선 전혀 몰랐단다. 검은색 SUV 차량에서 나온 검은 양복을 입은 경호원 수십 명이 패러글라이딩 업체를 둘러쌀 때 경각산 패러글라이딩 업체 에어피닉스 사장님은 그냥 아이돌이겠거니 생각했다. 나중에 그들이 BTS였다는 사실을 알았을 때, 중학생 딸부터 울고불고 난리였다. 딸이 왜 부르지 않았냐고 하도 성을 내는 통에 사장님은 본인이 사용하던 수건을 갖다줬다. 다행인지 불행인지 고등학생이 된 딸은 아직도 그 수건을 신줏단지 모시듯이 한다. 어떤 아미(ARMY, BTS 팬클

까이 가면 웅덩이에 물이 제법 차 있다. 한여름에도 한기가 느껴질 정도로 시원하다. 위봉산성은 웅성 사진 촬영 명소다. 유사시 전주 경기전의 태조 영정, 조경묘의 시조 위패를 옮겨 봉안하기 위해 험한 지형을 골라 성을 축조해 놓은 곳이다. 실제로 동학농민운동 때 잠시 경기전의 물건들이 들어오기도 했었다는데, BTS 썸머 패키지에 등장한 이래 BTS 힐링 성지가 됐다. 바로 옆에 완주군에서 설치한 팻말이 꽂혀 있다.

2019년 완주를 방문한 BTS 멤버들은 경각산에서 패러글라이딩 체험을 했다.
ⓒ 완주군

렇게 다를 리가 없다. 호수와 논밭, 그리고 독특하게 생긴 술박물관도 보인다. 비록 체험 비행이지만, 하늘을 나는 기분은 짜릿했다. 에어피닉스 사장님은 경각산은 호남에서는 유일하고, 전국적으로도 5위권에 드는 패러글라이딩 명소라고 자부했다.

패러글라이딩

립)는 BTS 멤버가 사용한 물병을 '득템'하기 위해 단숨에 달려와 가져갔다. 패러글라이딩 외엔 큰 관심이 없는 강사들은 BTS가 누군지도 모르고, 온 줄도 모르고 체험 비행에 임했지만, 나중에 알리려고 하니 방법이 없었다. 소속사 허락 없이는 사진 한 장 붙일 수 없었다. 완주군에서 제작한 BTS 로드 도장도 경각산 패러글라이딩은 인근 술박물관에서 찍어야 한다. 최소 하루 전에 전화 예약 필수.

경각산에서 패러글라이딩 업체는 두 곳이다. BTS는 두 군데 모두를 이용했다. 에어피닉스 사장님은 당시 BTS 멤버 중 지민을 태웠다. 그때 그 풍경이 지금 이 풍경과 그

진라북도 —— 143

부록

첩첩산중에 해골이?
BTS는 모르는, 완주의 숨구멍

완주의 산 중에는 사계절 내내 아름답고 특히 가을에 단풍이 곱게 물드는 대둔산이 가장 유명하다. 도립공원이지만, 풍경은 국립공원급이다. 게다가, 케이블카가 생겨 짧고 굵게 단풍 구경하고 싶은 분들이 반색한다. 그렇지만, 가을철 명산은 사람이 많아도 너무 많다. 단풍보다 많은 인파에 치여 괜한 후회가 밀려오기 일쑤다.

그래서 대둔산 단풍 대신 기차산 해골바위를 추천한다. 기차산 해골바위는 첩첩산중인 구수마을을 거쳐 올라야 한다. 기차산은 한국전쟁 때 지리산에서 밀려난 빨치산 대원들이 숨어들었을 정도로 깊고 은밀하다. 나중에는 육군 유격훈련장으로 쓰였다. 꼭 738m 정상 장군봉을 찍지 않아도, 인생 샷을 찍을 수 있다. 고릴라나 유인원을 연상케 하는 거대한 바위가 있다. 풍화작용 탓이다. 마을에서는 '용 먹은 바위'라고 불렀다. 최근에는 등산객들이 해골바위로 이름 붙였다. 몸이 날랜 이장님은 훌쩍 올라 입에 들어가 누워 있는 멋진 포즈를 취했다. 기차산은 길이 아주 가파르지는 않으나, 안내는 다소 부실하다. 줄을 잡고 줄줄이 이동하는 코스가 많아 기차산인데, 하산하면 발이나 종아리보다는 어깨가 결린다. 해골바위까지는 3시간30분 정도 걸리고, 장군봉까지는 5시간은 잡아야 한다.

해골바위

닭볶음탕에서 묵은지가 왜 나와?
완주 여행의 완성 '완주 5미'

전주는 손맛 좋기로 대한민국에서 손꼽힌다. 오죽하면 비빔밥과 콩나물국밥에도 앞에 전주가 붙어야 '진짜'인 듯한 느낌을 준다. 이유는 단순하다. 전주가 맛의 보증수표로 통하기 때문이다. 전주를 포위한 듯한 완주도 여행객의 입맛을 다시게 하는 음식이 가득하다. 완주군은 이 중 별미를 완주 5미(味)라 칭했다.

먼저 한우구이다. 완주군 화산면과 고산면에서 무공해 사육 여건을 조성하고 친환경 사료로 소를 키웠다. 이 덕분에 완주 한우는 육즙이 풍부하고 마블링이 우수해 구이나 육회를 즐기는 미식가들의 입맛을 사로잡는다.

다음은 순두부백반이다. 소양면 화심에 가야 제대로 된 순두부백반을 먹을 수 있다. 돼지고기와 바지락을 넉넉하게 넣어 얼큰하게 끓여내어 알싸한 향이 특징이다. 두부를 활용한 여러 요리도 함께 내놓는다.

한우구이
ⓒ완주군

순두부
ⓒ완주군

묵은지 닭볶음탕은 생소하다. 평범을 거부한 이 음식은 전라도 묵은지를 닭과 함께 푹 삶아 개성 만점이다. 탄탄하고 쫄깃한 토종닭이 닭발부터 목뼈까지 들어 있다. 시큼한 묵은지와 고추장, 고춧가루 양념이 썩 조화롭다. 현지인

묵은지 닭볶음탕

민물매운탕

로컬밥상
ⓒ완주군

만 아는 환상 조합이다.

민물매운탕은 완주군의 깨끗한 저수지에서 건진 재료가 젖줄이 된다. 메기, 쏘가리, 피라미, 동자개(빠가사리) 등에 말린 시래기를 듬뿍 넣고 끓여 국물이 끝내준다. 한술 뜨면 뼛속까지 개운해지는 느낌이다.

마지막은 로컬푸드 밥상이다. 2020년 최우수 로컬푸드 1번지로 선정됐다. 완주군에서 생산되는 지역의 제철 식재료로 상을 내는 완주만의 특별한 밥상이다. 무농약이고 소규모 생산을 원칙으로 한다. 모악산의 행복정거장, 삼례의 새참수레, 비비정농가레스토랑에서 맛볼 수 있다.

식후 커피 한잔? 커플들 꼭꼭 숨은 카페로

야외에 폭신폭신한 의자에서 자연스럽게 거리를 두고 하늘 보고 누워 유유자적 시간 때울 수 있는 카페가 인기다. 완주의 카페 애드리브가 그렇다. 주중에는 한산한 편인데, 주말에는 빈자리 찾기가 어려울 지경이다. 시그니처 메뉴는 바나나빈이다. 직접 바나나를 농축해 만든 시럽 덕분에 과일향이 짙고 식감도 쫀득하다.

카페 애드리브

전라북도 | 순창

고추장 말고 몰랐죠?
순창 구석구석 반전이네

> 이실직고하자면, 순창을 잘 몰랐다. 그냥 고추장으로 유명한 곳이라는 정보만 상식선으로 인지할 뿐이었다. 하지만 실제로 장 담그기를 하며 순창을 하나씩 알아갈 때마다 이곳은 진정 'MZ세대 핫플'이라는 확신이 들었다. 비단 떡볶이 마니아여서가 아니다. 젊은 여행객들이 순창을 다녀간다면 분명 '힙한' 곳으로 유명해지리라는 확신이 들었다. MZ세대 기자가 한눈에 반한 순창 핫플레이스 4곳을 소개한다.

놀면서 배우자, 순창발효테마파크

순창발효테마파크는 2015년 순창이 전통발효문화산업 투자 선도지구의 시범지구로 선정되면서 시작한 프로젝트다. 지역에선 초대형 프로젝트로 불린다. 테마파크를 구성하는 시설들을 순차적으로 오픈하고 있다. 조상들이 식품을 보관했던 토굴의 모습을 본떠 만든 발효소스토굴은 화려한 영상미를 자랑하는 미디어아트 전시관이다. 항아리 속에서 세계 각국의 소스식품을 볼 수 있는 에움길, 봄과 새싹, 물과 바람 등을 주제로 한 아란길 등 다양한 콘셉트로 꾸며져 있다. 장이 만들어지는 과정 등 선뜻 설명하기 어려운 발효과학을 흥미롭게 전달한다는 점에서 의미가 남다르다. 장을 따라다니다 보면 시원한 여름, 훈훈한 겨울을 만

순창 발효소스토굴

순창 발효테마파크 다년생식물원

나게 된다. 연중 내내 일정한 기온으로 유지해 여름에는 피서 공간으로, 겨울에는 몸을 녹이며 쉬어가는 코스로 방문하기 좋다. 식품 속 과학 원리를 이해하고 직접 다양한 체험을 할 수 있는 전시 공간인 푸드사이언스관도 꼭 들러봐야 할 곳이다. 음식에 관한 다양한 주제를 다룬다. 세계의 과자를 벽에 배치한 아트공간, 롱다리 사진을 보장한다는 달걀 조형물 등이 재치 있게 꾸며져 있어 사진 찍기도 좋다. VR(가상현실)로 순창 요리 만들기 게임, 초콜릿 푸드 3D프린터 체험 등 오감으로 직접 체험할 수 있는 프로그램도 많다. 관람을 다니느라 출출해진 이들을 위해 된장, 고추장 아이스크림을 파는 카페도 있다. 맛이 어떨지 상상이 잘 안 가 머뭇했지만, 특색이 있어 한번쯤 먹어보는 걸 추천한다.

50여 종의 열대식물이 가득한 온실과 드라이플라워 카페를 함께 즐길 수 있는 다년생식물원은 데이트로도, 가족 나들이로도 손색없다. 부겐빌레아, 바오바브나무 등 초록으로 가득한 유리온실에 햇살이 내리쬐니 보기만 해도 힐링이다. 여심을 사로잡는 그네 포토존과 꽃 장식으로 채워진 이곳에선 사계절 내내 봄을 느낄 수 있다. 아이와 함께 방문했다면 클라이밍, 드론축구, 권총사격 등 유아부터 성인까지 다 함께 즐길 수 있는 실내 놀이시설인 챔피언 스포츠파크를 꼭 방문해보자. 보기보다 스릴 넘치는 게임에 어른들도 시간 가는 줄 모르고 빠져들게 될 테다.

선비의 발자취 따라, 훈몽재

훈몽재

앞에는 추령천이 흐르고 백방산을 등진 이곳. 조선시대 대표 성리학자인 하서 김인후 선생이 후학 양성을 위해 지은 강학당인 '훈몽재'다. 송강 정철, 월계 조희문, 고암 양자징 등 이름난 재상과 학자들을 배출해 우리나라 유학 발전의 기틀을 만든 곳이다. 순창군은 김인후 선생의 학문적 업적과 정신을 후세에 전승하고 예절, 유학 전통문화 교육장으로 활용하고자 퇴락했던 훈몽재를 2009년 지금의 위치에 중건했다. 현재는 고당 김충호 훈장을 비롯한 학자들이 김인후 선생의 학풍을 올곧이 이어오고 있다. 유학 관련 학과 대학생을 대상으로 하는 교육반이 있고 어린이, 성인 대상 예절 교육 등 다양한 교육 프로그램도 운영 중이다. 교육을 받으며 저렴한 가격으로 숙박도 가능하다. 훈몽재에서 출발해 숲속 데크를 지나 낙덕정까지 이어지는 역사문화 탐방길 '선비의 길'은 사색하며 걷기 좋은 코스다. 총 6km 거리로 완주하려면 걸어서 2시간30분가량 걸린다. 추령천변의 '대학암'이라는 글씨가 새겨져 있는 너럭바위를 비롯해 주변 경치가 아름다워 지루할 틈이 없다. 데크에서 내려와 물가 근처를 거닐다보면 재첩, 붕어 등 다양한 해양 생물들도 만날 수 있다. 470여

훈몽재 선비의 길

년 전 선비들이 걸었던 길을 걸으며 복잡한 생각도 정리하고, 근사한 풍경을 배경으로 인생 사진도 남겨보자.

총댕이마을 서바이벌 체험

밀리터리 덕후 취향 저격
총댕이마을

총댕이마을은 순창군에서는 유일하게 피노마을이 운영하는 전북형 농촌관광거점 육성마을이다. 피노마을은 녹두장군 전봉준의 최후 항거지이자 6 · 25전쟁 당시 빨치산에 의해 마을 주민들 다수가 당산나무에 묶여 처형당한 역사적 아픔을 간직한 장소다. 2019년 이곳에 40여 명을 수용할 수 있는 숙박시설과 식당 '밥상차렷', 야외바비큐장, 실내사격장, 500평 규모의 사계절 서바이벌 경기장 등을 갖춘 '총댕이마을'을 조성했다. 바로 근처에 녹두장군 전봉준관, 전봉준압송로길 등도 있어 함께 둘러보기 좋다.

밀리터리 덕후들의 마음을 사로잡을 프로그램이 있다. 총댕이마을의 하이라이트인 서바이벌 게임이다. 장비 착용부터 게임 룰, 유의사항 등의 사전교육을 마치면 군필자들의 몸놀림이 분주해진다. 서바이벌 게임은 7분씩 총 두 번 진행한다. 상대편이 착용한 센서 장비에 비비탄 총알이 맞으면 공격을 성공한 것으로 카운팅된다. 많은 사람이 '나는 전쟁터에 가도 절대 죽지 않을 것 같다'고 생각한다는데, 이 게임은 그런 환상을 여지없이 깬다. 맞고 맞히고의 연속이 수차례 이어지다 보면 '내가 실제로 참전한다면 살아남을 확률이 희박하겠구나' 하는 생각이 든다.

열정적으로 게임을 하고 나면 출출하고 힘이 축 빠질 터. 식당 '밥상차렷'에서 푸짐한 식사를 하고 '백골' '필승' '전진' 등 군부대와 어울리는 이름을 가진 숙박시설에 들어가 따뜻한 바닥에 누워 몸을 녹이며 하루를 마감한다.

하늘로 향하는 계단
용궐산

MZ세대 여행에서 등산은 빠질 수 없다. '등린이(등산+어린이)'도 쉽게 오르기 좋으면서 풍경이 아름다워 인증 사진 남기기에 제격인 용궐산을 추천한다. 원통산에서

용궐산

찾아온 등산객들의 필수 코스다. 시식용 고추장을 너무 많이 먹어 속이 쓰린 사람들에게 특히 강추한다.

용궐산 자연휴양림에는 '하늘길'이라 불리는 코스가 있다. 용궐산 서남쪽 60도로 경사진 가파른 암벽 4부 능선에 쇠기둥을 박아 세우고, 그 위에 나무 데크를 이어 붙여 매달아 놓았다. 하늘길을 오르기 위해선 최근 신축된 용궐산 산림휴양관 주차장 옆쪽의 등반 코스에서 출발하면 된다. 돌계단을 오르다보면 초보자도 쉽고 안전하게 산을 오를 수 있도록 마련된 데크로드가 나온다. 암벽에 아슬아슬하게 매달려 있는 듯한 540m 길이의 하늘길에서 내려다보이는 섬진강의 출렁이는 은빛 물결은 쉽게 만나기 어려운 절경이다. 하산 후 산림휴양관 내 농산물센터 겸 마트에서 시원한 오미자차 한잔 들이켜니 피로가 싹 가신다.

남진하는 산릉이 서쪽 섬진강변으로 가지를 치며 솟구친 용궐산은 용과 관련된 지명과 전설이 많다. 순창의 3대 명산으로 해발 646m이며 숨은 비경을 자랑한다. 북·서·남쪽 삼면이 섬진강으로 에워싸여 있다. 천연 동굴인 99개의 용굴이 있으며 화강암으로 이뤄진 정상 상봉에는 신선바위가, 산 중턱에는 삼형제바위가 있다. 물맛 좋기로 소문난 용골샘은 약수 소문을 듣고

전라북도 | 익산

회색빛 일상을 치유해줄
익산 농촌체험마을

휴가 시즌이 오니 부모들은 고민에 빠진다. 한창 뛰노는 나이에 코로나로 인해 오랫동안 갑갑함에 시달렸을 아이들. 잘 버텨준 만큼 사회적 거리두기 해제 이후 처음 맞은 방학을 더욱 뜻깊은 추억으로 남기고픈 부모라면 전북 익산으로 눈을 돌려보면 어떨까. 뭘 해도 금방 싫증 내는 아이일수록 더욱 환영한다. 익산에는 재미는 물론 교육 목적으로도 딱인 농촌체험 프로그램이 넘쳐난다. 일상에 지친 어른들까지 힐링하기 좋은 익산의 핫플레이스를 소개한다.

스릴과 힐링을 한번에!
성당포구마을

고려에서 조선 고종 때까지 물건을 실어 나르던 포구 성당창이 있었다고 해 '성당포'라 불리는 마을. 전국 9개 조창에 꼽힐 만큼 흥성했으나 주변 육로가 발달하고 금강하구둑이 조성되면서 항구로서 기능을 상실했다. 현재는 다양한 체험 프로그램과 휴식공간을 제공하는 농촌체험마을로 운영되고 있다. 국궁체험, 농악체험, 계절체험 등 다양한 프로그램을 진행하는 금강체험관을 비롯해 마을에서 재배한 콩과 쌀로 음식을 만드는 슬로푸드체험관, 바비큐장 등으로 구성돼 있다. 단체룸, 독채, 야영장 등 다양한 숙박시설도 있다. 체험 프로그램의 하이라이트는 바람개비 열차다. 2021년 7월부터 운행하기 시작해 인기를 끌고 있다는 이

성당포구마을 바람개비 열차

열차를 직접 타봤다. 만만하게 생각했다가, 출발과 동시에 손잡이를 꾹 잡게 됐다. 예상외로 빠른 속도에 몸이 전후좌우로 흔들렸다. 열차는 마을에서 출발해 용안생태습지공원으로 향한다. 4대강 사업의 일환으로 용안면 난포리 일원의 금강변에 조성된 대규모 생태습지공원이다. 국화 축제로 유명한 익산답게 국화도 많고, 연꽃, 코스모스, 해바라기 등 그야말로 '꽃 천국'이다. 기자가 방문한 5월 말에는 수련과 유채꽃이 반겨줬다. 수련은 오후 4~5시부터 꽃을 볼 수 없다고 하니 참고하자. 공원 곳곳에 나무데크가 깔끔하게 조성돼 있어 도보여행이나 자전거여행을 즐기기 좋다. 조류전망대, 야외학습장, 식물관찰원 등 다양한 테마의 체험시설도 마련돼 있다.

금강변에서 놀고 먹고 자고
산들강웅포마을

인구가 1500명에 불과한 작은 마을이지만 서해 낙조 5선 중 하나인 곰개나루, 국내 최북단 녹차밭, 벚꽃 명소 숭림사 등 다양한 볼거리를 지닌 웅포면. 산들강웅포마을엔 체험관을 비롯해 숙박시설, 식당 등이

산들강웅포마을 숙소

을을 거쳐 성당포구에 이르는 13km 구간으로 초보자들도 무리 없이 즐길 수 있다. 서해 5대 낙조 중 한 곳인 금강변의 명품 일몰을 감상할 수 있는 해 질 녘에 방문하는 걸 추천한다. 황포돛배 체험, 대나무 통피리 체험 등 일반 체험과 농사현장 체험도 진행한다. 농사 체험은 5월, 6월, 10월마다 다르게 진행하니 사전 문의를 통해 해당 시기에 참여할 수 있는 체험의 종류를 확인하자.

최북단 야생차밭 녹색 체험
익산산림문화체험관

익산 웅포면의 입점리 구룡목마을에는 국내 최북단 차나무 군락지가 있다. 기존 야생차 북방한계지로 알려진 김제시 금산사보다 약 30km 위쪽에 있다. 익산산림문화체험관 옆 약 2만㎡ 규모 차밭은 하동에서 가져온 차나무를 심어서 키운 것이지만, 체험관 뒤쪽 봉화산 자락의 1만여 그루는 야생적으로 자란 것이다. 이곳에는 조선 전기에 소실됐다고 전해지는 '임해사'라는 절이 있었는데, 당시 임해사에서 재배하던 차나무가 절이 소실된 이후 야생 상태로 남아 지금에 이른 것으로 추정된다. 익산산림조합은 익산산림문화체험관을 통해 녹차밭 산책길 조성과 제다체험 제공, 숲속쉼터 등을

있다. 깔끔한 시설에 편안한 침구까지 호텔 못지않은 퀄리티를 갖췄다. 다만 바로 앞에 논이 있어 창문을 열어두면 개구리, 벌레 등이 들어올 수 있다. 웅포에서 친환경으로 재배되는 블루베리를 활용한 호떡, 케이크, 인절미 만들기를 비롯해 쑥개떡, 계절별 효소 만들기 등 다양한 식생활 체험도 가능하다. 블루베리 호떡 만들기 체험에 도전했다. 체험 시작 전부터 철저한 교육이 진행됐다. 실패할 확률은 극히 드물다. 직접 만든 호떡을 시식해보니 맛도 좋아 뿌듯함이 배가됐다. 배불리 먹었으니 운동으로 칼로리를 불태워보고자 자전거를 대여했다. 최근 행정안전부의 휴가철 가볼 만한 국토종주 자전거길 코스 20선 중 한 곳으로 선정된 곰개나루 구간 금강자전거길로 향했다. 붕새언덕마

운영하고 있다. 산림문화체험관으로 오르는 길을 걷다보면 은은하게 코를 간질이는 차 내음에 멈칫하고 주변을 살피게 된다. 체험관에 오르면 차밭을 한눈에 담을 수 있는 전망 스폿이 나온다. 커피 한잔 하며 책도 읽고, 메시지를 남길 수 있는 카페도 있다. 이곳에선 다도체험, 제다체험, 목공체험, 유아숲체험 등 다양한 녹색 체험프로그램을 운영하고 있다. 체험을 진행하는 공간은 우드 인테리어와 통창 너머로 펼쳐지는 평화로운 '숲뷰' 때문에 자연 한복판에 있는 것 같은 기분이 들게 한다. 차 마시는 예절부터 손수 녹차를 만드는 체험, 창작물 제작까지. 아이들이 저렴한 비용으로 예절 교육과 도시에서 접하기 힘든 이색적인 활동을 체험할 수 있다.

익산산림문화체험관 야생차밭

11

제주

제주

뚜벅이도 완전 가능한
제주 원도심 여행

차 없이도 제주를 여행하는 방법이 있다. 제주시 원도심을 구경하는 것이다. 비싼 렌터카 대신 두 발로 원도심을 걷다 보면 전에는 못 봤던 풍경들이 눈에 들어온다.

제주 원도심은 칠성로·중앙로·남문로 주변을 이야기한다. 행정구역으로 치자면 삼도2동, 이도1동, 건입동 등이 포함된다. 1990년대까지 제주의 중심이었던 곳으로 최근 도시재생 프로젝트가 진행되면서 사라질 위기에 처한 옛 목욕탕과 여관 등에 갤러리·카페 같은 상업 공간과 문화시설이 자리를 잡았다. 과거와 현재가 중첩되는 생경한 풍경에 호기심을 느낀 젊은 층이 원도심에 하나둘 자리하면서 잊힌 줄로만 알았던 동네 원도심에 새로운 바람이 불고 있다.

다시 살아나는 제주 원도심

제주 원도심을 크게 나누자면 한짓골, 산지천, 탑동으로 구분된다. 제주목관아 바로 길 건너 대대로 제주 중심지 역할을 했던 한짓골, 제주항과 연결돼 물류의 중심지였던 산지천, 그리고 1980년대 후반 매립지로 개발된 탑동이다. 1960년대에서 1970년대까지, 아파트와 대형마트가 생기기 전까지 원도심은 주거 중심지이자 상업 중심지였다. 1980년대 들어 신제주(노형동과 연동)가 개발되기 시작했다. 신제주에 대규모 아파트 단지가 개발되고 생활편의시설이 들어섰다. 원도심 사람들은 좀 더 쾌적하고 편한 생활을 택해 신제주로 빠져나갔다.

한짓골 건너 칠성로는 제주 대대로 상업 중심지였다. 지금 모습처럼 근대적인 상권을 형성하기 시작한 건 일제강점기 때다. 광복 이후 칠성로는 상업 중심지이자 문화 거리로 거듭났다. 한국전쟁 때 제주도로 피란 온 문학가, 시인, 음악가들이 다방문화를 꽃피웠던 곳이 바로 칠성로였다. 제주도 최초의 다방 '파리원'도 이곳에 있었다.

칠성로를 중심으로 제주가 점점 커지자 새로운 길을 내자는 목소리가 높아졌다. 관덕로와 칠성로를 보완할 수 있는 큰 길이 난 건 1960년대였다. 1968년 개통 당시 중앙로는 길이 412m, 폭 20m로 제주시 남쪽과 북쪽을 연결했다. 중앙로 주변으로 상권이 형성된 건 1970년대부터다. 특히 중앙로를 따라 금융기관이 들어섰고 1980년대에는 서울 용산처럼 전자제품 가게들이 밀집해 상권을 형성하기도 했다.

탑동 서부두에서 찍은 사진

그런가 하면 지금 탑동이라고 부르는 곳은 원래 바닷가였다. 매립 공사를 통해 동네를 개발한 거다. 라마다 호텔 주변 상가들이 밀집한 지역이 전부 바닷가였다. 1985년 매립이 시작돼 1991년 준공됐다.

1990년대 이후 사람들이 신제주로 빠져나

가면서 칠성로 역시 공동화 현상이 일어났다. 그러다 2000년대 중국인 관광객들이 몰려왔고 칠성로는 옛 영광을 되찾는 듯했다. 크루즈를 타고 제주항에 내린 관광객들이 칠성로에서 화장품·기념품 쇼핑을 하고 갔다. 마치 비행기가 없던 시절 제주항이 유일한 관문이었을 때 모습이 재현되는 듯했다. 그리고 지금, 코로나 때문에 외국인 관광객 발길이 끊겼고 칠성로는 또다시 썰렁해졌다. 도시재생지원센터는 칠성로 상권을 살리기 위해 빈 점포를 활용한 문화시장 꾸미기에 열을 올리고 있다.

고요산책

제주 원도심 가볼 만한 곳

Point 01. 고요산책(중앙로12길 5)

책과 여행을 접목한 복합문화공간. 1층은 북카페 콘셉트 라운지, 2층은 사무실, 3~4층은 숙박 시설, 지하 1층은 교육장으로 사용하고 있다. 2020년 8월까지 게스트하우스로 운영되던 공간을 리모델링해 지금 모습으로 꾸몄다. 본래 건물은 1980년대 산부인과 병원으로 지어졌다. 원도심 공동화가 심각해지면서 산부인과가 문을 닫은 이후 채식 식당, 카페 등으로 사용되기도 했다. 2021년 2월부터 사회적 기업 제주착한여행이 이곳을 운영 중이다. 공정여행을 표방하는 제주착한여행은 제주 원도심에 터를 잡고 제주의 문화·생태·역사를 담은 마을 콘텐츠를 발굴하고 공정여행 전문가를 양성하고 있다.

Point 02. 순아커피(관덕로 32-1)

제주목관아에서 길 건너편을 바라보면 작은 적산가옥 하나가 눈에 들어온다. 100년 넘은 옛집을 개조해 문을 연 순아커피다. 상호명 '순아'는 지금 주인장의 큰어머니 이름이다. 일제강점기 때 태어난 순아 할머니는 한국전쟁과 4.3사건을 겪은 후 자식들과 함께 일본으로 건너갔다. 일본에서 성공을 이루고 나서 고향 제주 땅에 집을 하나 사들였는데 그게 바로 지금의 순아커피다. 순아 할머니는 제주에 올 때마다 좋은 호텔을 마다하고 이 작은 집에서 며칠씩 묵다 가셨다.

순아 할머니가 돌아가시고 사장님의 어머니께서 '숙림상회'라는 이름으로 잡화상을 운영했다. 무려 50년 동안 이어온 숙림상회가 6년 전 문을 닫았고 1년 동안 공간을 방치하다가 카페로 바꿨다. 건물은 105년 정도 된 것으로 추정된다. 카페를 준비하면서 집을 수리했는데 그때 건축가가 "100년 전쯤 지어진 것 같다"고 말했단다. 건물 생김새 때문인지 코로나 이전엔 일본인 손님이 많았다. 다다미가 깔린 2층 방으로 올라가려면 가파른 나무계단을 타고 가야 한다. 100년 가옥이 품은 건 아름다운 사연뿐만이 아니다. 공간 곳곳에 손때 묻은 소중한 물건들로 가득하다. 1층 순아 할머니 사연이 적힌 종이 아래 궤짝은 지금 사장님 지인 할머니가 시집올 때 혼수로 가져온 귀한 물건이다.

순아커피

Point 03. 김영수도서관(중앙로8길 18)

제주 최초의 학교에 자리한 제주 최고의 도서관. 2019년 5월 정식 개장한 김영수도서관의 역사는 1968년으로 거슬러 올라간다. 제주북초등학교 20회 졸업생 김영수 씨가 어머니 구순 생일을 기념해 2층짜리 도서관을 지어 기부채납했다.

50년 만에 리모델링한 김영수도서관은 도시 재생 우수사례로 꼽혀 전국 지방자치단체와 기관에 알려졌다. 도서관 하나로 학생 수가 줄던 학교가 되살아나고 공동체가 회복되는 기적이 일어났다. 북초등학교는 제주 최초의 학교로, 역사는 100년을 훌쩍 넘겼다. 1907년 제주관립보통학교로 시작했는데 1896년 제주목 공립소학교가 설치됐다는 기록이 발견되면서 학교 역사가 더 깊어졌다. 한창 전교생이 많을 때는 2000명가량이었으나, 지금은 200명이 안된다. 학원가가 밀집한 신제주 쪽으로 학생들이 빠져나가면서 북초등학교는 다른 원도심 학교와 마찬가지로 위기를 맞았다.

학생 수는 점점 줄지만 학교를 필요로 하는 주민들은 아직 있었다. 중앙지하상가, 동문시장 등 학교 주변에서 장사를 하는 학부모들이 아이를 맡길 곳이 학교밖에 없었다. 이런 상황 속에서 학교 안에 돌봄 공간을 마련하자는 의견이 나왔다. 기존 도서관 건물과 그 옆 숙직실 창고를 리모델링해 마을

김영수도서관

도서관으로 꾸민 것이 지금의 김영수도서관이다. 김영수도서관은 학교 도서관이자 마을 도서관 기능을 같이한다. 오후 5시까지는 재학생들이 사용하고 돌봄교실도 운영된다. 학교가 끝나는 오후 5시부터 9시까지는 마을 도서관으로 운영된다.

제주특별자치도와 제주특별자치도교육청이 국비 등 총 9억원 예산을 투입해 리모델링했다. 김영수도서관 운영 주체는 학부모들이다. 도서관 교육을 수료한 사람 12명이 돌아가면서 관장직을 맡고 있다. 김영수도서관은 재작년 5개 부처에서 도시재생 최우수 사례로 상을 받았다. 김영수도서관이 만들어지면서 실제로 학생 수도 늘었다. 1학년이 1개 반에서 2개 반으로 늘었다. 한 해 입학생이 30명 정도였다가 도서관 리모델링 이후 38명이 됐다. 주변 학교들은 20명이 채 안된다.

2018년 도서관을 리모델링하면서 재학생과 교직원에게 '어떤 공간이 필요하냐'고 물었다. 학생들은 '학교 같지 않은 공간' '나만의 공간'을 원했고, 교직원은 '목관아 바로 건너편, 원도심의 의미를 살릴 수 있으면 좋겠다' '제주 느낌, 한옥 느낌이 났으면 좋겠다'고 말했다. 의견을 반영해 한옥 한 채를 도서관 안으로 집어넣은 구조로 만들었다. 오래된 참나무를 구해서 내부를 한옥 구조로 만들었다. 창의력 향상에 도움을 줄 수 있도록 층고를 높이고 할머니 집에 온 것 같은 느낌을 주기 위해 툇마루도 만들었다. 자투리 공간은 다락방 분위기의 공부방으로 꾸몄다. 2층 벽 대부분을 가리고 있던 책장을 치우고 벽을 터 창 크기를 키웠다. 2층 열람실에서 창문을 통해 목관아 뜰이 내려다보인다. 도서관이 가장 아름다운 시기는 봄과 가을이다. 학교 앞 가로수는 온통 벚꽃이다.

한실은 전부 다섯 칸이 있다. 칸마다 제주 신화에 등장하는 인물 이름이 적혀 있다. 방은 1평 정도 크기로 창호지를 바른 반투명 문으로 서로 연결된다. 창호지에는 북초등학교 6학년 학생들이 직접 그린 그림이 있다. 얇은 한지가 구멍이 나거나 못 쓰게 될 때쯤 다시 그림을 그려 보수한다. 창문을 열면 테라스로 연결된다. 여름엔 테라스에 돗자리를 깔고 빈백을 설치한다. 봄바람이 살랑이는 날에 벚꽃비 맞으며 책 읽는 모습이라니, 상상만으로도 미소가 지어진다. 아쉽게도 현재 김영수도서관은 제주도민에게만 개방하고 있다. 교육청의 코로나 대응 방침에 따른 결정이다.

Point 04. 리듬 (무근성7길 11)

제주의 연남동이라 불리는 동네 삼도동 '무근성'. '묵은 성'이 있다고 해서 이름이 붙여졌다. 무근성에 위치한 카페 리듬은 구도심 최초의 목욕탕 '태평탕'을 개조해 지금 모습으로 꾸몄다. 10년 넘게 방치됐던 목욕탕 건물은 1층은 카페, 2층은 전시 공간과 쇼룸으로 변신했다. 1층에는 여탕, 2층에는 남탕이 있었다. 카페 리듬의 전신은 쌀다방이다. 2015년 오래된 쌀가게를 개조해 시작한 카페 쌀다방이 TV 프로그램 '효리네민박'에 출연하면서 방문객이 더 늘었다. 임대 계약이 만료돼 새로운 장소를 찾다가 지금의 태평탕 자리로 오게 된 거다. 베이지색 건물엔 파란색 글씨로 적힌 '태평탕' 상호와 목욕탕 표시가 흐릿하게 남아 있다. 건물 옆에는 작은 마당도 있다. 쌀다방 시절 간판과 태평탕 간판이 사이좋게 놓여 있다. 가게에는 개 두 마리가 있다. 큰 흰색 개 '너구리'와 작은 강아지 '코코'다.

리듬

Point 05. 오각집(관덕로15길 11-1)

2021년 8월 오픈한 복합문화공간이다. 성산에 있는 플레이스캠프 총지배인이 대표로 있다. 원도심 도시재생사업으로 추진되고 있는 칠성로 문화시장의 거점으로 활용된다. 여행 관련 굿즈, 맥주나 와인 등 주류를 판매한다. 주전부리는 준비되어 있지 않다. 외부 음식 반입을 적극 환영한다. 요깃거리가 필요하다면 근처 식당이나 동문시장에서 직접 사 들고 와야 한다. 주말에는 플리마켓이나 재즈공연이 진행돼 즐길 거리를 더한다. 2021년 진행된 러닝 모임 '런택트제주' 거점으로도 활용됐다.

제주사랑방

Point 06. 제주사랑방(관덕로17길 27-1)

칠성로 4가와 산지천이 만나는 부근 제주사랑방은 1949년 지어진 옛집 '고씨주택'을 업사이클링했다. 제주도는 산지천 일대 탐라문화광장 조성사업을 추진하면서 고씨주택을 허물 계획이었지만 고씨주택의 가치를 알아본 주민들이 주택을 보존하자고 도에 요구했다. 제주문화재위원회 역시 고씨주택이 일본식 건축 기법과 제주 전통 가옥 형태가 혼용된 '과도기적 건축물'로 보존 가치가 있다고 의견을 내면서 힘을 더했다. 고씨주택은 제주 전통 가옥의 전형적인 형태인 안거리(안채)와 밖거리(바깥채)로 구성돼 있다. 제주도는 2014년 고씨주택을 매입해 안거리는 '제주사랑방'으로, 밖거리는 '제주책방'으로 꾸몄다. 제주책방은 서울시청 지하에 있는 '서울책방'에서 아이디어

오각집

산지천갤러리

1960년대 칠성통 거리를 기억하고 있는 현지인들의 인터뷰 영상과 옛 모습이 담긴 사진 자료를 볼 수 있다.

를 얻어 만든 공간이다. 방문 전 전화(064-727-0636)로 문을 열었는지 확인하는 것이 좋다.

Point 07. 산지천갤러리(중앙로3길 36)

제주사랑방 바로 옆 산지천갤러리 역시 탐라문화광장을 조성하면서 재탄생한 곳이다. 본래 산지천 일대에는 목욕탕과 여관이 많았다. 항구가 가까워 주로 뱃사람들이 이용하는 곳이었다. 고씨주택을 보존하면서 녹수장과 금성장 두 곳도 업사이클링하기로 결정했다. 여관 건물 두 개를 잇는 공사를 마치고 2017년 정식 오픈했다. 산지천갤러리는 제주문화예술재단에서 운영 중이다. 제주 출신 민속 기록 작가 김수남 선생님에게 기증받은 물건과 사진을 상설 전시한다. 갤러리 1층 영상 자료는 놓치지 말 것.

제주

나만 알고 싶어 아껴둔
제주 여행지 6곳

제주는 언제부터인지 모르지만 '특수' 여행지가 아니다. 비행기를 타고 가는 국내 여행지란 이점도 사라진 지 오래다. 그래서 내가 잘 아는 곳이라며 섣불리 추천하지 못한다. 워낙 자칭타칭 전문가가 많아서다. 그럼에도 불구하고 여행은 '나만의' 추억을 간직하게 하는 묘한 매력을 가지고 있다. 이 때문에 그 추억을 공유하는 것 또한 나름 의미가 있다. 숫자를 토대로 한 빅데이터 분석의 여행지 추천이 아닌, 오로지 개인적인 추억을 바탕으로 한 추천 여행은 더욱 의미 있지 않을까. 나만 알고 싶은 제주 여행지 6곳을 골랐다.

가슴 '뻥' 파노라마 풍광 인상적…
도두봉

우선 제주시부터 시작한다. 비행기 타고 제주에 딱 내렸을 때나 집에 가려고 공항으로 갈 때 시간이 좀 어중간하게 남는 경우는 한 번씩 겪어봤을 것이다. 이럴 때 잠깐 들르면 아주 그만인 곳이 있다. 아니 그렇게만 보기에 아쉬울 곳이다. 충분히 여행지로 손색없는 곳이기에 그렇다.

바로 도두봉이다. 제주공항에서 바닷가 쪽을 보면 용담해안도로가 나 있다. 그 도로 끝쯤에 솟아 있는 오름 하나가 바로 도두봉이다. 제주 올레길 17코스가 있는 곳이기도 하다. '봉'으로 끝나니까 올라가는 게 좀 힘들지 않을까 하지만 아주 완만한 경사 계단으로 돼 있어 금방 정상에 다다른다. 도두봉에 오르는 방법은 세 가지이다. 세 갈래

이호테우해변

길 중 장안사 쪽이 가장 편한 등반 코스니 참고하시길.

이곳의 매력은 뭐니 뭐니 해도 파노라마 풍광이다. 앞으로는 한라산이, 뒤로는 새파란 바다가 가리는 것 없이 뻥하고 뚫려 있다. 더구나 공항 활주로를 통해 한라산이 보여 비행기가 뜨고 내리는 것을 원 없이 볼 수 있어 좋다. 중간중간 벤치도 있다. 잠시 앉아서 멍~ 하니 마음의 힐링을 누려보는 것도 꼭 추천한다.

누구나 인생사진 한 장 찰칵…
이호테우해변

공항 근처에서 놓치면 안되는 볼거리가 또 있다. 용담해안도로 따라 애월 방향, 그러니까 공항을 중심으로 서쪽으로 가다 보면 이호테우해변이 나온다. 여기는 사진 찍기 명소 중 명소로 꼽히는 곳이다. 해변 끝에 일반적인 등대가 아닌 빨갛고 하얀 말 모양의 등대가 하나씩 서 있다. 그 등대를 배경으로 사진을 담으면 누구나 인생사진 한 장은 족히 건질 수 있다. 원래 이호테우해변은 제주도민의 휴식처였다. 마치 서울 한강 둔치처럼 말이다. 그러다 이곳에 말

ⓒ 제주관광공사

제주 사라봉

모양 등대가 생기면서 관광객도 많이 찾는 곳이 됐다.

제주도민 최애하는 일몰 포인트… 사라봉

이국적인 느낌의 이름을 가진 사라봉도 빼놓을 수 없다. 사라봉은 동쪽, 조천 방향으로 가다 보면 제주항여객터미널이 있는데, 그 뒤에 사라봉공원 안쪽 중앙에 솟아 있다. 사라봉은 제주도민이 가장 사랑하는 오름 중 으뜸으로 꼽히는 곳이라 해도 과언이 아니다. 무엇보다 저녁 무렵에 가야 진면목을 만날 수 있다. '사봉낙조'라고 해서 일몰이 참 아름답다. 공원 안쪽으로 좀 들어가면 나무데크 바닥으로 된 올레길이 쭉 이어진다. 마치 영어 U자 형태로 돼 있는 곳이 나온다. 그곳이 일몰 감상 포인트이니 인증샷을 꼭 남겨야 한다.

많이 알려지지 않아 더 매력적인 숲… 한라생태숲

한라생태숲은 제주시 여행의 방점을 찍을 만한 곳으로도 손색없다. 이름만 들어서는 '한라'라는 단어가 들어가 왠지 모르게 익숙하고 유명한 것 같다. 하지만 사려니숲, 비자림, 곶자왈 등 유명한 숲과 비교하면 알려지지 않은 곳이다.

한라산 등반객들 때문에 많이 훼손됐던 환경을 복원하면서 한라생태숲으로 재탄생했다. 주제별로 숲이 조성돼 있다. 충천연의 자연을 걷는 숫모르길도 있고, 휠체어나 유모차가 다니기 쉽게 만든 탐방로도 있다. 각각의 길을 연결해 다 둘러볼 수 있게 했다. 더구나 전 구간에는 경사가 거의 없어 걷기 딱 좋다. 그중에서도 중간에 습지 옆으로 나무데크 길이 나 있는 곳이 있다. 동유럽이나 캐나다의 어느 숲속을 방불케 할 만큼 굉장히 이국적인 분위기를 풍긴다. 사람에게 치이지 않고 여유롭게 소풍 느낌으로 즐길 수 있다.

제주 큰엉해안경승지
ⓒ제주관광공사

눈앞에 한반도 지도 활짝…
큰엉해안경승지

서귀포로 넘어가면 서귀포시청에서 성산일출봉 방향에 남원읍이 나온다. 그쪽에 올레길 5코스가 있다. 5코스 중간쯤에 큰엉해안경승지에 가면 굉장히 비밀스러운 모습을 볼 수 있다. 산책로를 걷다 고개를 들면 눈앞에 한반도 지도가 그려진다. 정말 마법처럼 호랑이 형상의 한반도가 눈에 삽시간에 들어온다. 길을 사이에 두고 나무와 나무가 겹치면서 만들어내는 광경이라 더욱 신기하다. 산책로를 따라 걷다 보면 20m 가까이 되는 해안 기암절벽이 이어진다. 가는 길이 편하게 돼 있어 남녀노소 가족 여행객이 걷기에도 좋다. 절벽 아래를 내려다보면 아찔하기도 하지만 바다의 풍경 또한 절경이다. 가는 길 곳곳에 나무와 나무가 만나 터널을 이루고 있어 만화 속으로 들어간 듯한 기분도 든다.

미니 테마파크 방불…
서귀포 농업기술센터

하루에 관광객이 많아봤자 4~5명 정도밖에 안 될 것 같은 그야말로 숨겨진 명소도 있다. 서귀포 농업기술센터가 그 주인공이다. 서귀포시청에서 북쪽 한라산 중턱의 돈내코 방향으로 가다 보면 볼 수 있는 이곳은 이름만으로는 왠지 여행과는 거리감이 느껴진다.

하지만 없는 게 없는 만물상 또는 미니 테마파크 같은 곳이다. 감귤밭은 물론이고 계곡, 연못, 녹차밭, 미로공원 등 제주 볼거리를 한 곳에 압축시켜놓은 듯하다. 실제로 농업기술을 연구하는 곳이라 연구원들이 근무를 하고 있지만 근무동 옆쪽으로 감귤체험학습관을 지나면 넓은 잔디밭을 시작으로 다양한 체험을 할 수 있다.

전국 각지에서 모은 돌을 전시한 곳부터 한라봉, 레드향 등 온갖 감귤품종을 전시한 온실, 꼬불꼬불 아기자기하게 길을 터놓은 미로공원, 영화 '서편제'의 청산도길이나 보성 녹차밭처럼 녹차밭 고랑을 사이에 두고 이어진 산책로 등 예쁜 추억을 만들기에 딱 좋다.

2박3일은 너끈히
채울 수 있는 먹거리

마지막으로 먹거리를 빼놓을 수 없다. 제주는 맛여행으로만 가도 2박3일은 너끈히 채울 수 있다. 제주 1순위 먹거리 중 하나인 흑돼지. 대개 근고기라고 해서 뭉뚝하게 잘라서 삼겹살 구이처럼 해서 먹는데, 흑돼지 두루치기도 먹어봐야 한다. 특히 제주에 가시리라고 있는데, 이곳이 제주 흑돼지 두루치기의 원조 마을이다. 여기 두루치기는 고춧가루 양념이 잔뜩 밴 콩나물과 채소를 산더미처럼 쌓아줘 특별하다. 그 사이에 고기가 들어가 구워지는데 매콤하게 양념이 잘 배어 마치 콩나물 사이에서 훈증이 된 듯한 느낌이 난다. 부드러운 식감이 매콤한 맛을 더 돋운다.

흔히 '샤부샤부' 하면 소고기를 떠올린다. 하지만 제주라면 얘기가 달라진다. 제주에서 난 흑돼지 샤부샤부가 있다. 돼지고기 특유의 잡내나 비릿한 맛이 전혀 없다. 돼지고기를 얇게 썰어 끓인 고기 맛도 고소한 게 일품이지만 그 육수가 담백하면서 시원하다. 채소를 듬뿍 얹으면 더욱 풍미가 좋다. 제주도청 쪽이 행정구역상 연동인데, 그쪽에 흑돼지 샤부샤부 전문점이 몇 곳 모여 있다. 공항을 가거나 아니면 제주에 도착하자마자 식사 시간이 다가왔다면 가볼 만하다.

'제주' 하면 흑돼지와 말고기가 유명하다. 사실 이 두 고기 말고 꿩고기도 빼놓을 수 없다. 꿩요리를 먹어봐야 제주 음식을 제대로 먹었다고 할 수 있을 정도다. 꿩요리가 처음이라면 꿩 구이나 샤부샤부도 좋지만 꿩메밀국수를 권한다. 정말 제주 토박이들만 아는 음식이다. 보통 메밀국수는 면발이 툭툭 끊긴다. 그 면발 사이에 꿩살코기가 길게 찢겨져 섞여 있다. 고기의 식감은 아주 쫄깃하고 메밀면은 부드러워 묘한 조화가 입안에서 펼쳐진다. 꿩고기 향 때문에 자극적이지 않을까 생각할 수 있지만 깔끔하고 구수한 느낌이다.

제주

'고사리 장마' 진 제주에서 숲속을 거닐다

> "하필이면…."

한숨이 절로 나왔다. 제주의 첫인사가 꽤 거칠었다. 한여름 장맛비 저리 가라 할 정도로 폭우가 내리는 동시에 바람마저 매섭게 몰아쳤다. 돌풍 때문에 비행기가 한 차례 활주로 상공을 돌기까지 했다. 우여곡절 끝에 바퀴가 땅에 닿자 여기저기서 박수를 쳐댈 정도였다. 하지만 공항 밖을 이미 비행기 차창 너머로 확인한 상황. 그냥 공항 안 의자에 털썩 주저앉아 버렸다. 그래도 나가야 했다. 사선으로 비가 내리다시피 하니 우산을 펼 필요가 없었다. 물에 약한 카메라를 가슴에 품고 잰걸음으로 렌터카 업체 셔틀에 겨우 올라탔다. 그렇게 4월의 제주와 마주했다.

> "하~, 어쩌란 말인가."

렌터카 인도를 기다리면서도 고민에 고민을 거듭했다. 그냥 비가 아닌 폭우 속에서 여행을 하기란 쉽지 않았다. 뭔가 안절부절 못하는 모습이 안쓰러웠는지 렌터카 업체 직원이 몇 곳을 추천했다. "날씨와 상관없이 가면 좋은 곳이 있어요. 숲." 잘못 들었나 싶어 다시 물었다. 그래도 같은 답이다. "숲

이요." 들이붓는 비를 맞으며 숲을 거닐라는 것에 이해할 수 없다는 표정을 짓자 제주 토박이라는 그는 자신을 믿어보라며 내 손에 열쇠를 쥐여줬다. 밑져야 본전이라는 생각이 들었다. 어디를 가든 마찬가지일 테니 말이다.

"가즈아~!"

비가 그칠 기미가 보이지 않았다. 아니 빗방울은 갈수록 더 굵어졌다. 이럴 때 운전은 첫째도 둘째도 안전뿐이다. 감속 운행은 기본이고, 비상등 역시 필수다. 빗줄기가 센 것도 있지만 안개까지 동반할 때가 많아 안전운전만이 살길이다. 느릿느릿 한참을 한라산 방향으로 차를 몰았다. 뿌연 안개를 뚫고 서서히 푸르름이 눈에 들어왔다. 하늘 높은 줄 모르고 뻗은 올곧은 삼나무가 셀 수 없이 무리를 지어 있다. 절물자연휴양림이다. 산책로마저 정갈하다. 심지어 티끌 하나 없는 느낌이다. 발자국 하나 잘못 남기면 안 될 것 같은 청정함이 보는 내내 압도감을 전했다.

숲 안으로 들어갈수록 쉴 새 없이 얼굴에 떨어지던 빗물은 닦아낼 필요가 없을 정도로 줄어들었다. 워낙 빽빽하게 군락을 이루고 있어 나뭇잎이 우산을 펴준 느낌이랄까. 가는 내내 '우두두둑' 빗소리가 나무와 나무 사이를 가르는 바람 소리와 어우러져 마치 야외 오케스트라 연주를 감상하는 듯했다. 제주에 도착하며 울적해졌던 기분이 어느샌가 말끔히 사라졌다. 참으로 상쾌했다.

"귀엽다. 고사리 장마."

사려니 숲길

미세먼지와 스트레스에 찌든 몸과 마음을 정화하는 데는 서울에서 고작 3시간이면 충분했다. 절물자연휴양림을 떠나기가 못내 아쉬웠지만 한라산 자락으로 조금 더 들어가기로 했다. 비옷을 준비하지 못한 탓에 물에 빠진 생쥐 같았지만 그마저도 좋았다. 평소 같으면 15분 거리지만 빗길이라 두 배 가까이 걸려 도착한 곳은 사려니 숲길. 이미 길 양쪽과 주차장에 차량 서너 대가 있었다. 이 비를 뚫고 여기까지 왔다면 분명 내가 지금 느끼는 그 '청량함'을 알고 찾아온 이들이란 생각이 들었다.

사려니 숲길은 절물자연휴양림과는 또 다른 분위기를 풍겼다. 더 '날 것' 같다고 할까. 야생의 기운이 좀 더 다가왔다. 숲길도 절물의 나무데크가 아닌 흙바닥인 것이 그랬고, 걷는 동선도 짜여 있다기보다 자연의 흐름을 따른 듯 보였다. 그래서일까. 숲길 안으로 들어가면 갈수록 마치 동화나 영화 속 깊은 숲에 사는 요정이나 기인을 만나러 가는 상상을 하게 된다.

절물자연휴양림

얼마나 들어갔을까. 맞은편에서 한 무리가 인사를 건네왔다. 비옷도 입지 않은 채 홀로 걷고 있는 내 모습이 의외로 보인 듯했다. 제주에 터를 잡고 산 지 7년 차라는 그는 보온병에 담긴 커피 한잔을 권했다. "고사리 장마라고 해요. 4월 중순이나 말에 오늘처럼 세차게 비가 내리죠. 그래야 고사리가 잘 자란다고 하더라고요." 부르는 이름이 꽤 귀엽고 예뻤다. '고사리 장마'. 그랬

제주 —— 173

다. 역시나 장마였다. 봄비가 이렇게 사나울 리 없다. 향 좋은 커피와 귀한 정보를 준 이름 모를 분을 만나 마음도 훈훈해졌다.

고사리 장마가 좀 더 궁금해졌다. 내친김에 궁금증을 해소하기 위해 제주관광공사에 자문을 구했다. 고사리 장마의 시기는 3월 말부터 5월 초로, 겨울을 보낸 제주 내 식물이 얼굴을 내미는 때에 부슬부슬 비가 많이 내린다고 한다. 고사리를 캐려면 비 온 다음 날 채비를 하는 게 좋다. 흠뻑 고사리 비를 맞은 고사리여야 키도 쑥쑥 크고 살도 통통해지기 때문이다. 반면에 햇빛을 많이 받은 고사리는 억세다.

제주 고사리를 맛보려면 고사리 해장국이 제격이다. 한 번도 못 먹은 사람은 있어도, 한 번만 먹은 사람은 없다는 그 제주 음식이다. 제주 현지에서 먹는 고사리 맛은 더욱 진하고 구수하다. 국 자체가 아주 걸죽하다. 뚝배기에 반 그릇 정도로 나오는데도 포만감이 더 있는 느낌이다. 더부룩함이란 게 전혀 없다. 한마디로 개운하다.

고사리 해장국

> "유레카!"

또 느꼈다. 역시 제주는 알면 알수록 매력이 철철 넘친다는 것을. 아니, 제주에 올 때마다 매번 느낀다. 제주는 쉽사리 곁을 주지 않는다. 마냥 애끓는 짝사랑을 하게 한다. 그래서 또 오게 한다. 비 오는 제주에서 무얼 하냐고? 단연코 한 번쯤은 두려움일랑 던져버리고 숲에 가보길 추천한다. 물론 난 다음에 다른 곳을 또 찾아나설 테지만.

12

충청남도

충청남도 | 당진

당진 대관람차 &
아미미술관

> 사진 한 장 때문에 떠나본 적이 있는지. '#충남당진' 사진을 보고 오랜만에 그런 마음이 들었다. 딱 한 장면을 보기 위해 당진으로 떠난 건 요즘 SNS에서 핫하다는 '전 세계 유일 논 뷰 대관람차' 때문이었다. MZ 세대에게 인기라는 당진 사진 포인트 두 곳을 소개한다.

전 세계 유일한 논 뷰 대관람차

당진행을 결정한 건 한 장의 사진 때문이었다. 레트로한 느낌이 물씬 풍기는 대관람차 앞으로 펼쳐지는 논 뷰는 전 세계 어디에서도 볼 수 없는 거다.

거짓말 같은 뷰가 펼쳐지는 비밀스러운 장소는 바로 당진 삽교호 놀이동산이다. 충남 당진과 아산을 연결하는 삽교천 방조제 근처에는 삽교호 바다공원과 함상공원을 중심으로 해양테마과학관, 캠핑공원, 어시장과 수산시장 등이 모여 있다. 그리고 그중에서도 가장 안쪽, 바다에서는 조금 먼 곳에 삽교호 놀이동산이 위치한다. 레트로한 분위기의 놀이동산에는 대관람차와 바이킹, 디스코팡팡, 회전목마 등 기본적인 탈것들이 있다.

대관람차

전 세계 유일 논 뷰 대관람차를 담는 사진 포인트는 삽교호 수산물 특화시장 옆 무인텔 앞이다. 그 앞에 서면 바로 앞에 있는 논과 멀리 대관람차가 한 컷에 잡힌다. 해 질 때쯤 되면 이곳에 사람들이 모여든다. 중간에 논두렁길이 있어 그 사이를 걸으며 사진을 찍는 사람들도 있다. 서해니까 일몰은 믿고 봐도 된다. 날씨 운만 조금 따라준다면 환상적인 일몰 사진을 건질 수 있다.

MZ의 PICK
아미미술관

당진시 순성면에 위치한 아미미술관은 낡은 폐교가 예술 공간으로 재탄생한 곳이다. 박기호·구현숙 부부는 1993년 폐교한 옛 유동초등학교를 사들여 2011년 미술관으로 탈바꿈시켰다. 아미산 자락에 위치한 미술관은 마치 자연과 인공이 어우러진 커다

아미미술관

화려하게 꾸며 포토존으로 이용된다. 아미미술관이 가장 예쁠 때는 햇살이 창을 통해 사선으로 내리쬐는 시간이다. 오래된 창틀과 나무 바닥 같은 오래된 것들을 볕이 보듬을 때 가장 빛난다.

옛날 운동장이었던 야외전시장은 평소 자연학습장으로 활용된다. 파릇파릇 잔디 위에 야외 조각 및 설치 미술을 전시한다. 벤치에 앉아 쉬는 방문객이 있지만 보통 이곳은 고양이들 차지이다. 메인 전시관 뒤편에 위치한 '메종 드 아미'는 옛 학교 숙직실과 창고를 활용해 만든 복합문화공간이다. 야외전시장 가장 안쪽에 파란 창틀이 인상적인 카페 '지베르니'도 있다.

란 스튜디오 같다. 특히 여름이면 아름다운 수국이 만발하는 정원이 있어 방문객이 끊이질 않는다. 관장 박기호·구현숙 부부가 지향하는 건 생태미술관. 건축·문화·풍속·생활상 등을 최대한 원형 그대로 보존하고 개방하는 것이 목표다.

매표소를 지나면 일자로 길게 뻗은 하얀 외벽 건물이 나온다. 옛 학교 건물을 메인 전시관으로 꾸몄다. 전시실은 크게 다섯 개로 나뉜다. 회화 작품과 여러 조각 소품들로 채워졌고 전시실을 이어주는 복도 역시

충청남도 | 예산

백주부 백종원 고향
예산에서 원기 충전해유

충남 예산 충전 스폿
402m 길이 예당호 출렁다리
음악분수 조명에 로맨틱한 야경
예산 황새공원·내포 보부상촌…
봉수산 휴양림선 피톤치드 흡입

충남 예산의 여행 테마는 충전이다. 수도권에서 출발한다면 멀지도 않다. 고속도로를 타고 쭉 내달려 2시간이면 도착한다. 레퍼토리가 다양하다. 가족과 함께여도 좋을 장소가 많다. 게다가 든든한 여름철 보양식도 있다.

로맨틱 충전
예당호 음악분수

먼저 예당호 출렁다리를 빼놓을 수 없다. 2019년 출렁다리가 개통하자 예산군 관광객이 전년보다 2배 가까이 늘었다. 2020년에도 코로나 시국에 주말이면 1만명 넘는 인파가 찾았다. 규모가 압도적이다. 예당호 둘레인 40km와 너비인 2km를 상징해 402m

예당호 음악분수 야간
ⓒ예산군

피톤치드 충전
봉수산 자연휴양림

2007년 개장한 봉수산 자연휴양림은 천연림과 인공림이 조화를 이뤄 절경을 뽐낸다. 각종 야생동물이 서식하고 있으며 사시사철 예당저수지와 어우러진 경관도 으뜸이다. 산 중턱 숙소에 일행끼리만 묵을 수 있어 '언택트 여행지'로도 주목받고 있다.

예약이 쉽지 않지만 봉수산 자연휴양림은 방전된 육신을 돌보기 좋은 숙소다. 산 중턱에 있는 숙소 중 4~6인용만 일부 개장했다. 숨만 쉬고 돌아와도 피톤치드 충전이다. 예당호가 지근거리라 전망도 우수하며 울창한 산림 속에서 도란도란 휴식을 취하기 좋게 설계돼 있다. 객실 밖에 화로가 있어 숙소에서 고기 냄새 날 걱정이 없다. 길가에 무궁화를 비롯해 꽃을 심어놔서 운치도 좋다.

근처 볼거리도 다양하다. 483.9m 봉수산을 산책하고 맑은 정기를 가득 담아올 수 있다. 백제 부흥의 거점인 임존성도 가깝다. 봉수산 정상과 임존성에서 내려다보는 예당호 풍경은 예산 제일의 전경이다. 봉수산수목원과 의좋은형제공원을 둘러보기에도 좋다. 봉수산수목원 건물 1층에서는 올해부터 수석 전시도 한다. 박재호 한국수석중앙회 회장이 30년 이상 수집한 300여 점을 기

길이다. 가운데 있는 전망대 주탑은 높이가 64m인데 계단을 걸어 오르면 남한 최대 저수지인 예당호가 한눈에 들어온다.

평범한 출렁다리가 아니다. 음악분수가 흥을 더한다. 최대 분사 높이가 110m에 달해 한국에서 최고다. 밤에는 레이저 조명을 쏘아 로맨틱한 풍경을 선보인다. 싸이 '강남스타일'이 흘러나오면 절로 말춤을 추게 된다. 시끌벅적한 분위기를 피하려면 걸으면 된다. 출렁다리에서 예당호 중앙 생태공원을 이어주는 5.2km 호수 데크길을 천천히 거닐 수 있다. 한국관광공사 야간 관광명소 100선에도 선정됐다. 밤에 방문하시길 권한다.

부했다. 감정가만 7000만여 원인데, 그중 170여 종을 엄선해 관객을 맞고 있다.

가족애 충전
예산 황새공원

예산은 돌아온 황새의 고향이다. 길조의 대표 주자인 황새는 충청도와 황해도 지역에 서식하는 텃새였으나 우리나라에서 자취를 감췄다. 눈이 매처럼 사나운 육식조류 황새는 농약 살포로 논밭에 있는 먹잇감인 하위동물 개체가 줄어들자 생존이 어려워져 1970년대 이후 사실상 멸종했다.

예산은 친환경 농사를 확대하며 2009년 황새공원 용지로 선정됐고, 2014년 황새 60여 마리가 둥지를 틀어 황새 부활의 전초기지가 됐다. 황새문화관 1층 전시관에는 옛날 신문기사와 실제 황새 크기 그림과 박제를 전시해 복원 과정을 상세히 전한다. 전시관 밖 황새 오픈장은 철조망으로 사람의 접근이 차단됐으나, 멀리서나마 황새가 부리를 딱딱 부딪치며 미꾸라지를 먹는 모습을 볼 수 있다.

황새는 성년이 되면서 성대가 없어져 소리를 못 낸다. 황새는 한번 짝을 만나면 평생을 함께한다. 신혼부부들이 이곳을 많이 찾는 이유다.

봉수산 자연휴양림

예산 황새공원
ⓒ 예산군

예술혼 충전
추사고택과 기념관

예산은 추사 김정희가 태어난 고장이다. 조선 후기 서예가이자 금석학의 대가인 그를 기리는 추사기념관이 있다. 2층 전시실에 들어서면 큼지막한 글씨 "세상에는 추사

추사고택

내포 보부상촌

를 모르는 사람도 없지만 아는 사람도 없다"(초산 유최진)는 문구가 눈길을 끈다. 추사의 일대기를 한눈에 볼 수 있게 전시해 놓았다. 인근에 추사고택이 있다. 김정희의 증조부인 김한신이 건립한 것으로 알려져 있다. 현재 고택은 복원이 다소 미흡하나 그의 흔적이 곳곳에 남아 있다. 추사고택 옆엔 고조부의 묘가 있다. 묘 앞에 백송 한 그루가 멋진 자태를 뽐낸다. 천연기념물로 지정한 백송은 추사가 연경에서 씨앗을 가져와 심었다.

인근 화암사는 추사가 어린 시절 자주 드나든 고찰이다. 화암사도 증조부 김한신이 중건했다. 뒷동산에 오르면 그의 글씨를 바위에 새긴 암벽화가 두 군데 남아 있다.

금전운 충전
내포 보부상촌

보부상은 흔히 장돌뱅이라고 불렸다. 패랭이를 쓰고 촉작대를 들고 전국 팔도를 누볐다. 요즘 말로 하면 '배달의민족' 선구자다. 봇짐장수인 보상과 등짐장수인 부상을 합친 보부상촌이 지난달 충남 예산군 내포에 문을 열었다. 지금은 간척사업으로 뱃길이 끊겼으나 1950년대까지만 해도 예산 삽교로 배가 드나들었다. 거기서 반나절이면 인천을 지나 마포에 도달했다고 한다. 교통과 물류의 중심지였기에 보부상촌의 입지로 손색이 없는 셈이다.

전시관 야외에 저잣거리가 조성돼 식당과 카페가 자리하고 있고, 박물관 1층은 보부상 옛 모습을 구현한 자료가 가득하다. 2층에는 아이들이 경제관념을 익힐 수 있는 게임 프로그램 체험 공간이 있다. 4D 관람실에서는 임진왜란 시기 보부상의 애국충정 활약상을 감상할 수 있다. 내용이 교훈적이다. 단 어지럼증은 주의해야 한다. 까만 안경을 착용하고 좌석에 앉으면 앞뒤로 흔들리고 바람이 살갗을 건드린다.

부록

알고 보면 맛 좋아유~ '백주부' 백종원 고향 예산의 여름철 보양식은?

국밥

충청도 음식이 다소 심심하다는 주장이 있지만, 이는 사실무근이다. 충남 예산은 '백주부' 백종원의 고향이다. 여담이지만 백종원이 이사장으로 있는 예산고등학교는 명품 급식으로 SNS를 뜨겁게 달군 바 있다. 백종원 이름을 딴 '백종원 국밥거리'도 있다. 맛도 좋고 양기 회복에 제격인 음식이 한둘이 아니다.

국밥
예산에 갔으면 소머리국밥 한 숟가락 떠야 한다. 백종원이 감탄했다고 알려진 한일식당은 빨간색 국물 국밥이 유명하다. 매콤하고 진하다. 3대가 가업을 이어온다는데, 삽교에 있다. 백종원 국밥거리는 예산시장 옆에 자리 잡았다. 예산군이 국밥거리를 조성할 때 백종원이 컨설팅을 해줬다. 예산시장 주변에는 예산의 또 다른 유명한 음식인 국숫집도 즐비하다. 예산군은 국수와 국밥 그리고 국화를 모아 '삼국축제'를 수년째 해오고 있다.

여기서 파는 국밥은 하얀 국물이다. 맑은 국물이 풍기는 분위기 그대로 맛이 담백하고 구수하다. 반드시 수육을 주문해야 한다. 수육은 부드럽고 졸깃하면서도 질기지 않아 입에 넣으면 착착 붙었다가 이내 살살 녹는다. 예산 지역 신암막걸리를 주문할 수밖에 없게 만든다. (할머니 장터국밥 : 충남 예산군 예산읍 천변로 155)

어죽

빠가매운탕

어죽과 빠가매운탕

어죽은 예산 8미(味) 중 하나다. 한국 최대 저수지 낚시터인 예당호에서 잡은 민물고기를 푹푹 삶아 고아낸다. 뼈는 버리고 살만 골라내 된장과 고추장을 풀어 끓인다. 거기에 쌀을 넣고 국수나 수제비를 넣는다. 뚝배기 그릇에 담겨 있는데 무척 뜨겁다. 후후 불어 호로록 빨아들였다. 잡내가 전혀 없다. 숟가락으로 죽처럼 떠먹다가 바닥에 깔린 면을 젓가락으로 집어 올려 먹었다. 마치 짬뽕과 짬뽕밥을 동시에 먹는 듯한 가성비를 선사하는 보양식이다.

빠가매운탕은 8미에 들지 않는다. 대신 해장음식으로 순위를 매기면 국밥과 자웅을 겨루어야 할 만큼 독보적이다. '빠각' 소리를 내서 빠가사리라고 불리는 민물고기인 동자개가 주재료다. 동자개는 숙취 해소와 스태미나에 탁월한 효과가 있다. 7~8월 장마철에 강물이 불 때 많이 잡힌다. 여기에 민물새우튀김은 별미다. 바다새우와 달리 짜지 않고 바삭바삭하다. "손이 가요 손이 가~"라는 새우깡 광고가 생각나는 맛이다. (민물나라 : 충남 예산군 응봉면 예당관광로 37)

가야수라간

충청도의 미쉐린가이드는 '미더유'다. 예산 가야수라간은 충청남도에서 공식 인증한 '미더유' 맛집이다. 궁중음식과 농가 맛집의 결합을 추구한 독창적인 식단이 돋보인다. 여름철에 맛봐야만 하는 음식은 아니지만, 사시사철 건강식으로 손색이 없다. 식당이 같이 운영하는 표고농장에서 생산한 표고로 만든 표고탕수육을 비롯해 소고기 채끝등심을 구운 너비아니, 삼색전, 연저육찜, 산초기름두부부침 등을 맛볼 수 있다.

반찬도 산나물로 8종을 내놓는데, 사과깍두기가 이색적이다. 사과만큼 아삭하지는 않고 맵거나 짜지 않으면서 새콤하지도 않다. 그 맛이 오묘해서 계속 먹게 된다.

예향이라는 지역 술을 주문할 수 있다. 사과를 담은 소주인데 도수가 높지 않고 소주 특유의 쓴맛이 없다. 은은하게 사과향이 감돈다. 점심·저녁 예약제로 운영하기 때문에 사전 예약은 필수다. (가야수라간 : 충남 예산군 덕산면 가루실길 20)

가야수라간

충청남도 | 서천

옛 모습 그대로,
오래 머물다 가고픈 서천 여행

> 충청남도 최남단 서해를 품은 서천. 예로부터 한산의 세모시로 유명했고 지금도 모시의 고장으로 명맥을 이어오고 있다. 대부분 지역이 전통적인 농어촌이라 이곳에선 마치 잠시 시간이 멈춘 듯한 기분이 든다. 쫓기듯 정신없이 흘러가는 일상에 지쳤다면, 서천에서 오롯한 쉼을 가져보는 건 어떨지. 서천은 언제 얼마 만에 찾아와도 그 모습 그대로 반겨주는 마음의 안식처가 돼줄 것이다. 모시 짜는 소리가 몸과 마음을 편안하게 하는, 서천의 힐링 스폿으로 떠나보자.

금강 품은 뷰 맛집
신성리 갈대밭

우리나라 4대 갈대밭, 한국관광공사가 선정한 갈대 7선에 꼽히는 이곳. 영화 '공동경비구역 JSA', 드라마 '추노' '킹덤' 등의 촬영 장소로도 유명하다. 2km 남짓한 갈대밭 산책길을 걸으며 모처럼 여유를 만끽했다. 박두진 · 김소월 · 박목월 등 서정시인들의 작품이 담긴 통나무 판자들이 서 있는 '갈대문학길'이 가장 기억에 남는다. 겨울에는 밭을 갈아 갈대가 대부분 잘려 있고, 5월쯤이면 갈대가 다시 자라 푸릇푸릇하고 풍성한 광경이 펼쳐진다. 한적하고 드넓은 자연에서 풀 내음 맡으며 제대로 힐링한 기분이다. 갈대밭을 걷다보면 금강과 갈대를 한눈에 볼 수 있는 강변 전망대 스카이워크가 나온다. 햇빛에 반짝이는 강물과 솔솔 불어오는 바람이 평온함을 선사해준다. 한강공원이나 유명 관광지 전망대에서는 상상하지도 못했던 한적함. '나만 알고 싶은 숨은 힐링 스폿'을 발견한 기분이다. 한번은 금강을 배경으로, 또 한번은 머나먼 곳까지 펼쳐진 갈대밭을 배경으로 근사한 사진을 남겨보는 건 어떨지.

강변전망대

백제로 시간여행
한산 모시마을

백제시대부터 1500여 년의 역사를 이어오고 있는 한산 세모시의 정교한 직조기술을 전승해 보전하고 아름다움을 널리 알리기 위한 장소다. 모시짜기는 그 역사적 가치를 인정받아 유네스코 인류무형문화유산으로 등재돼 있다. 기자가 방문했을 때 메인 전시관인 '한산모시관'은 공사 중으로 출입이 불가해 한산모시짜기 기능보유자의 시연을 감상할 수 있는 '한산모시전통공방'을 찾았다. 호젓한 분위기가 물씬 풍겨 주변을 구경하며 잠시 쉬어가기 좋다. 모시 짜는 기계 소리가 들리는 곳을 따라 도착한 곳에서 박미옥 전수자의 모시짜기 시연을 관람하며 설명을 들을 수 있었다. 모시는 천연 섬유라 온도에 민감하고 일정 수준의 습도가 유지되지 않으면 말라 부스러진다고 한다. 따라서 기계 주변에 비닐을 둘러 수분이 날

한산모시전통공방

문헌서원

아가지 않도록 막고 가습기를 틀어놓는 등 모시를 짜는 데에는 엄청난 정성이 필요하다는 걸 실감했다. 모시짜기 시연 관람 후 떠나기 전 홍보관에 들러 아름다운 모시옷을 구경했다. 생각보다 종류도 스타일도 다양한 모시옷을 보니 예쁜 것 하나 장만해 더위를 이겨내고 싶다는 마음이 들었다.

맛에 반해 못 일어나…
한산 소곡주갤러리

그윽한 술맛에 반해 마시고 또 마셔 안 일어나려다 결국 못 일어나게 되는 '앉은뱅이 술'이라는 별명을 지닌 '소곡주'. 이곳은 한산에 있는 70여 개의 모든 소곡주 양조장과 소비자 간에 가교 역할을 한다. 한산 소곡주의 다양한 술맛을 비교하며 시음해 볼 수 있는 유일한 곳이다. 1500년의 오랜 역사를 지닌 백제의 명주 '소곡주'. 알코올도수가 16도·18도인 발효주 소곡주와 41도·43도의 증류주 소곡화주(불소곡주)가 있다. 네 종류 모두 무료로 시음해볼 수 있었는데, 같은 도수라도 양조장에 따라 맛이 천차만별이었다. 대체로 단맛이 많이 나는 편이라 술술 넘어가니 과음하지 않도록 조심해야 할 것 같다. 한지에 소원을 적어 항아리에 걸며 기도하는 '소원 항아리'도 있다. 이래저래 고민이 많은 요즘 그냥 지나칠 수 없어 몇 자 남겼다. 한산의 명물 소곡주에 대한 설명도 듣고, 시음도 해보며 소원까지 빌어보는 특별한 경험이었다.

서원에서 하룻밤
문헌서원

고려 말 대학자 가정 이곡과 목은 이색의 학문과 덕행을 추모하기 위해 세운 서원. 광해군 3년(1611년)에 나라에서 문헌이라는 현판을 받아 사액서원이 된 곳이다. 2018년부터 3년 연속 문화재청장상을 받아 문화재청 명예의 전당에 등재된 곳이기도 하다. 문헌서원에는 전통호텔이 있어 아늑한 서원에서 하루를 보내는 경험도 할 수 있다는 점이 매력적이다. 연못과 정자로 이뤄진 경현루는 드라마 '장옥정' '구르미 그린 달빛'을 촬영한 곳이기도 하다. 8~9월에 만개하는 배롱나무도 장관이다. 오랜 기간 잘 보존된 아름다운 건물들부터 평화로운 연못까지 여유롭게 산책하기 좋다.

충청남도 | 태안

겨울바다를 보았니?
동굴에서 인생 사진을 담을 수 있는

바다가 보고 싶다. 물결치는 파도 소리도 듣고 싶고 멋진 사진을 올려서 '좋아요'도 받고 싶다. '찍었노라, 올렸노라, (좋아요) 받았노라'가 이번 여정의 테마다. 무작정 달려간 곳은 한반도 서쪽에 작은 반도처럼 툭 튀어나온 태안이다. 서울에서 고속도로를 타면 2시간30분이면 닿는 태안은 이름부터 태평하고 안락하다는 의미다. 인생샷 남길 수 있는 포인트 위주로 소개한다.

해변 옆 해식동굴

태안에는 숨은 사진 명소가 있다. 동해에서는 촛대바위가 자연의 신비로움으로 꼽힌다면, 태안에서는 해식동굴이다. 첫 번째 포인트는 둥글둥글한 몽돌해변으로 유명한 파도리해변이다. 해변과도 다소 거리가 떨어져 있어서 굳이 사람들이 발길을 주지 않았다. 현재는 줄을 서서 기다려 사진을 찍을 수 있다. 동굴 밖이라고 해서 별생각 없이 걷다보면 우렁찬 목소리를 듣기 십상이다. "좀 나와요!" 해식동굴 안에 들어서면 비소로 이유를 알 수 있다. 좁은 공간에서 웅크리고 사진을 찍고 있는데, 밖을 지나다니는 불청객이 보이면 애가 탈 수밖에 없다. 가능하면 인물과 동굴, 해변과 수평선만 담고 싶은 심리가 쉬이 이해된다. 두 번째 포인트는 봉우리 세 개가 어깨동무하고

삼봉해변

있는 삼봉해변이다. 해식동굴은 물론이고, 가는 길에 얼굴을 내밀고 귀여운 모습을 남길 수 있는 틈새바위도 있다.

아름다운 등대섬 옹도

우선 안흥항으로 이동해 통통배에 올랐다. 태안반도 130여 개 섬 중에 등대가 아름다운 섬은 옹기를 닮은 옹도다. 1907년부터 불을 밝혔으니 등대 나이가 백 살이 넘었다. 2013년부터 일반인에게 개방하고 있다. 안흥항 앞바다는 대한민국에서 세 손가락에 드는 물살이 센 장소다. 진도 울돌목, 강화 손돌목 그리고 이북의 황해도 인당수와 함께 우리나라 4대 험조처(險阻處)로 불린다. 권문선 태안군 문화관광해설사는 "오리다리가 부러질 정도로 물살이 강하다"고 했다. 등대가 쏜 등불은 인천과 평택으로 들어가는 선박에 빛이 된다. 등대 전망대에서는 멀리 옹진반도에 딸린 섬들이 보인다. 20일씩 교대로 섬을 지키는 등대지기 김남복 주무관은 "한 해에 만명 이상이 찾는 명소다. 특히 봄에 많이들 찾는다"고 했다. 동백꽃 핀 계단길이 특히 예쁘기 때문이다.

옹도

가의도
ⓒ 지엔씨이십일

솔섬 품은 가의도

40~50명이 거주하는 유인도인 가의도는 육쪽마늘의 대표 산지로 마늘밭이 펼쳐져 있다. 한 바퀴 쭉 거닐며 둘러보기에 부담스럽지 않다. 섬 안에 섬을 찍기 좋은 포인트가 있다. 북항 말고 남항 방면이다. 항구 쪽으로 발을 옮기면 보이는 솔섬이다. 솔방울이 해풍을 타고 날아가 바위에 떨어졌는데, 뿌리를 내리고 소나무가 자라난 것이다.

안흥성 성벽에서 찰칵

다시 안흥항으로 돌아와 안흥성에 올랐다. 태안반도를 두른 성벽 안에는 태국사가 있다. 절과 성에 얽힌 사연이 예사롭지 않다. 백제 무왕 때 지었다가 조선 세종 때 복원한 태국사는 호국불교의 최전선으로 승려병을 양성하는 훈련소였다. 태국사라는 절 명도 국태민안(國泰民安)에서 따왔다. 안흥성은 해변을 타고 들어오는 왜구를 막으려고 쌓은 성인데, 일제강점기에 일부가 훼손됐다. 동학농민군이 태안까지 쫓겨와서는 관군에게 맞서 장렬히 전사한 배수의 진이기도 하다. 세월의 풍파와 역사의 소용돌이 속에서 꿋꿋이 남은 성답게 옆에 서면 결기가 느껴진다.

걷기 좋은 해변 길

해변을 빼놓고는 태안을 이야기할 수 없다. 여름에는 해수욕장이었던 해변이 가을부터

노을길

태안 먹을거리는 대하와 바지락칼국수

사진을 찍다 보면 진이 빠진다. 기왕 태안까지 왔으면 온 김에 기력 회복도 필수다. 태안은 대하의 최대 산지다. 특히나 가을철 살이 통통하게 오른 대하는 몸통이 실하고 담백하다. 약간 짠내가 배어 있는 대가리가 별미다. 껍질을 벗겨 먹어도 되지만 껍질째로 먹어도 무방하다. 튀김으로 먹으면 바삭한 맛이 일품이다.

국물 있는 요리가 당긴다면 바지락칼국수나 바지락탕이 답이다. 바지락 역시 태안이 산지 중의 산지라서 다른 지역 식당과는 비교 불가한 수준으로 많이 들어가 있다. 먹다보면 상에 바지락 껍데기가 산처럼 쌓인다. 질은 양에서 나오는 법이라고, 바지락 물량 공세 덕분에 국물 맛도 끝내준다.

는 걷기 좋은 길로 변신한다. 태안반도 서쪽 해안선을 따라 학암포에서 영목항에 이르기까지 7코스로 해변길이 조성돼 있다. 총길이는 97km로 마음먹고 걸으려면 적어도 사흘은 잡아야 한다. 으뜸은 5코스 노을길이다. 노을길은 이름 그대로 아름다운 석양을 뽐낸다. 싱싱한 수산물을 판매하고 별미인 꽃게와 새우튀김도 맛볼 수 있는 백사장항에서 출발한다. 백사장항을 지나 세 개의 봉우리가 봉긋 솟은 삼봉해변에 이르면 해송이 쭉쭉 뻗은 곰솔림을 만나게 된다. 시원한 바닷소리와 솔 냄새가 오감을 자극한다. 기지포 해안사구와 두여 전망대를 지나면 꽃지해변에 닿는다. 꽃지해변은 할매 할배 두 바위 사이로 일몰을 감상하는 명소다.

바지락칼국수

부록

여길 보려고 난 일년을 기다렸는데…
괭이갈매기, 넌 매일 볼 수 있겠구나
통통배 타고…태안 섬 여행

가의도
119개의 섬 중 유일한 유인도
선착장 내리니 작은 몽돌해변
남항 옆에 솟은 솔섬에 시선이
"소나무가 바위를 뚫고 자랐네"

궁시도
화살을 팽팽하게 당긴 활 닮아
고양이 울음소리 '괭이갈매기'
집단 서식지였던 난도 꽉 차자
3년 전부터 이 섬으로 날아들어

항구가 보내는 신호는 세 가지다. 우선 코로 감지한다. 소금기 담긴 바다 냄새가 바람을 타고 날아와 훅 찌른다. 다음으로 눈이다. 짠 내음에 익숙해질 때쯤 수평선이 시원하게 알려준다. 마지막은 귀다. 철썩이는 파도와 깍하는 갈매기 소리가 달팽이관을 타고 들어온다. 늘 궁금했다. 시끄럽지만 없으면 섭섭한 갈매다. 저 많은 갈매기는 어디서 온 걸까. 파도처럼 저 멀리 바다에서 왔을까.

서울에서 2시간30분 남짓 차로 이동해 태안군 모항항에서 통통배에 승선했다. 섬 투어 첫 번째 행선지인 가의도까지는 넉넉하게 40여 분이 걸렸다. 가는 길에 죽도, 부억도, 목개도, 독립문바위, 거북바위 등 희한한 모습을 한 섬들이 출몰했다. 혹시 몰라 마신 멀미약이 무색하게 풍경 구경에 빠져들어 멀미할 겨를이 없었다. 꼭 사자가 웅크리고 먹이를 노려보고 있는 듯한 자태인 사자바위는 중국 방향을 노려보고 있다. 사자바위 주변으론 거센 물살이 인다. 주변은 잠잠한데 물결이 소용돌이친다. 태안 앞바다는 수도권으로 가는 길목이어서 예로부터

태안군에 하나뿐인 유인도 가의도는
육쪽마늘 재배지로 명성이 높다.

서해에 외롭게 떠 있던 섬 궁시도.
3년 전부터 인근 섬인 난도에서 괭이갈매기가
이주해 오며 분위기가 달라졌다.

뱃사람의 왕래가 끊이지 않았던 뱃길이다. 그래서 위험한 물살을 뚫고 조선 왕실에 바치는 특산품이 호남에서부터 올라왔고, 중국과의 교역선도 이 길을 지났다.

가의도에도 중국과 얽힌 사연이 있다. 중국에서 가의라는 인물이 이 섬으로 피신해 가의도가 됐다는 전설이 내려온다. 가의도는 태안군 119개 섬 중 유일한 유인도이나, 현재 거주하는 가씨는 섬에 없다. 북항에 내리면 선착장 바로 옆에 작은 몽돌해변이 있다. 물이 어찌나 투명한지 작은 물고기가 노니는 모습이 선명하다.

섬 중턱에는 초록빛 밭이 우아한 곡선으로 펼쳐져 있다. 마늘밭인데, 그냥 마늘이 아니라 알이 6~8개로 굵은 육쪽마늘이다. 태안은 위도상으로는 쪽 수가 많은 난대성 마늘을 키워야 하나 바닷바람 덕에 온도가 동위도보다 4~5도 낮아 한대성 마늘인 육쪽마늘을 재배한다. 잎이 가지런히 쭉쭉 뻗은 마늘밭 주변으론 붉은 양귀비꽃이 피어 있다. 우리 몸에 좋은 마늘이 선사하는 풍경과 어우러져 더욱 건강하고 아름답게 느껴졌다. 북항을 기본 부두로 쓰지만 파고 사정에 따라 남항에도 배가 정박한다. 남항에는 솔섬이 하나 우뚝 솟아 상징물 역할을 톡톡히 한다. 가의도에 있는 소나무 씨가 바위섬에 날아와 바위를 뚫고 소나무가 피어났다.

가의도 남항에서 다시 배에 올라 파도를 갈랐다. 유조선과 화물선 옆으로 갈매기가 오와 열을 맞춰 날아간다. 카메라를 꺼내 초점을 맞추려는데, 어느 순간 사라져 버렸다. 갈매기는 시속 150km로 25노트(시속 46km)인 배보다 훨씬 빨랐다. 30여 분 지났을 때 배는 궁시도에 닿

충청남도 ― 193

궁시도로 배가 다가가면 둥지에 있던 갈매기들이 날아올라 하늘을 뱅뱅 돈다.

았다. 궁시도는 화살을 팽팽하게 당긴 활의 모양을 닮아 그런 이름을 얻었다. 이 섬은 6월께에 원추리꽃이 노랗게 물들어 장관이다. 멀리서 보니 노란색 꽃 사이로 하얀 점처럼 괭이갈매기가 도처에 둥지를 틀고 있었다. 배가 섬 인근에 다가가자 괭이갈매기들이 너 나 할 것 없이 둥지를 박차고 튀어올라 하늘을 뒤덮었다. 고양이 울음소리를 닮아 '괭이'갈매기인 녀석들은 고공비행을 펼치면서 깍깍 울어댔다. 비현실적인 풍경에 넋을 잃고 사진을 찍다가 동영상으로 기능을 바꾸었다. 한 화면에 다 담기지 않을뿐더러 소리도 담고 싶어서였다. 한참 촬영에 몰두하다가 그들의 천국에 낯선 침입자일 수도 있겠다는 생각이 들었다. 알을 불법 채집해 보신용으로 판매하려 한 일당이 적발된 사례도 있다. 더러는 침략자들을 응징하려는지 하늘에서 하얀 똥이 떨어졌다. 아무도 살지 않는 궁시도에 3년 전부터 괭이갈매기가 찾아왔다. 괭이갈매기 번식지로 섬 전체가 천연기념물로 지정된 인근 '난도'가 포화 상태가 되자 2.85㎞ 떨어진 궁시도로 옮겨왔다. 일종의 신도시인 셈이다. 이제는 난도와 궁시도를 묶어 독도, 홍도, 칠산도와 더불어 4대 집단 서식지가 됐다.

괭이갈매기는 한번 짝을 만나면 끝까지 간다. 4월께부터 암컷이 4~5개 알을 낳으면 2개월가량 수컷과 암컷이 공동으로 육아에 힘쓴다. 여름이 되면 성장한 새끼와 섬을 떠났다가 이듬해 봄에 다시 돌아온다. 제짝과 산란과 육아를 반복한다.

안흥항에서 가의도행 여객선이 하루 두 차례 출항한다. 보통 낚시꾼들이 1인당 수만 원을 내고 배에 오른다.

13

충청북도

충청북도 | 제천

제천 월악산 국립공원 계곡 투어
토박이들만 아는 월악산 비밀의 계곡

> 여름휴가지를 고를 때 가장 후순위로 두는 장소가 있다. 바로 계곡이다. 계곡이 싫은 건 불편해서였다. 수심도 일정하지 않고 바닥에는 온통 돌이 깔려 있다. 놀기 적당한 곳을 찾아다녀야 하는 것도 싫고 물놀이가 끝난 후 씻을 곳도 마땅치 않았다. 여러 가지로 계곡은 보기에 좋은 곳이지 놀 만한 곳은 아니었다.

그런 줄만 알고 있었는데, 제천 월악산에서 다시 가고픈 계곡을 찾아냈다. 폭도 넉넉해 물놀이하기에 적당하고 심지어 엄청나게 길어서 구간마다 특징이 달라 찾아다니는 맛이 있다. 주인공은 바로 제천 월악산 국립공원에 있는 송계계곡이다. 여태까지 이좋은 물놀이장을 몰랐다니, 서운한 마음이 들 정도였다.

신라의 공주와 태자도
조선의 왕후도 숨어든 천혜의 요새

1984년 17번째로 국립공원에 지정된 월악산은 오르기 힘든 산이다. 이름에 '악(岳)' 자가 들어간 산들은 험악하다. 이름의 다른 한 글자는 '달 월(月)'이다. 달이 뜨면 최정상 영봉에 달이 걸린다고 해서 월악산이라고 이름 붙여졌다. 이름을 뜯어보니 묘하다.

덕주산성

마치 야누스 같다. 뾰족뾰족 악산인데 또 밤에 달이 걸리는 모습은 참 아름답나 보다. 월악산은 높이 1097m, 면적은 287㎢(국립공원 기준)로 충북 제천과 단양, 충주 그리고 경북 문경을 접하고 있다. 월악산은 예로부터 성스러운 곳으로 여겨졌다. 이런 의미를 담아 주봉의 이름을 영봉(靈峯)이라 지었는데 남북한 통틀어 주봉 이름이 영봉인 것은 백두산과 월악산밖에 없단다.

월악산은 천혜의 요새였다. 산세가 험해 자연적으로 방어선을 구축할 수 있었다. 산에는 길이 약 15km의 덕주산성이 있다. 정확한 연대는 알 수 없지만 아마도 통일신라시대 때 처음 만들어지고 임진왜란 이후 지금의 모습을 갖추게 된 것으로 추정한다. 산이 얼마나 험하면 돌과 바위로 성곽을 쌓아 올린 건 겨우 1km 남짓이다. 나머지는 자연지형을 이용했다. 남문, 동문, 북문 등 성문도 남아 있다. 동문(덕주루)을 통과해 조금 더 올라가면 덕주사가 나온다.

천혜의 요새 덕주산성은 역사에도 여럿 등장한다. 신라 마지막 공주 덕주공주와 마의태자가 이곳으로 피란을 왔고, 몽골의 고려 침입 때도 인근 사람들이 덕주산성에 숨어들었다. 마지막으로 조선 말 명성왕후도 이곳에 피신처를 마련했다는 이야기도 전해 온다.

송계계곡 팔랑소

무려 8km, 가도 가도 끝이 없는 천연 물놀이장 송계계곡

제천역부터 송계계곡까지는 53km, 차로 1시간 정도를 가야 한다. 제천 시내를 빠져나와 얼마 지나지 않아 시원한 충주호가 보인다. 길은 무척 구불거리지만 눈에 담는 풍광이 좋아 지루할 새가 없다. 송계계곡이 위치한 한수면은 위아래로 길쭉하게 생긴 제천에서도 가장 밑이다. 충주 수안보면과 경계한다.

물길이 좁아지면서 수풀이 우거진다. 월악산 국립공원을 알리는 표지판이 나오고 드디어 송계계곡을 마주한다. 초입에는 마을이 형성돼 있는데 국립공원으로 지정되기 훨씬 전부터 이곳에 있던 마을이랬다. 예전엔 화전민이 많았지만 지금은 피서객과 여행객을 대상으로 펜션과 음식 장사를 하는 분들이 대부분이다.

덕주휴게소 부근에서 갈라지는 덕주계곡을 따라 덕주산성 동문까지 걸어갈 수 있다. 지글거리는 아스팔트 길과는 달리 나무가 그늘을 내어주는 숲길은 훨씬 산뜻하고 시원하다. 차근차근 걸어 올라가다 보면 송계 8경 중 하나인 수경대를 만난다. 물빛이 얼마나 맑은지 청록색으로 반짝인다.

덕주야영장 근처 자연대는 송계계곡에서 가장 마음에 든다. 폭도 깊이도 적당해 보이고 주변에 나무가 우거져 앉아서 쉴 수 있는 공간이 있다. 자연대 바로 옆 숲속에 월악산 국립공원에서 관리하는 야영장도 갖추고 있어 여러모로 물놀이하기에 편리하다.

상류에 위치한 팔랑소는 역시 송계 8경에 속하는 곳으로 자연대보다 훨씬 한가하다. 하늘나라 8공주가 내려와 목욕을 했다는 전설이 전해지는 팔랑소는 널따란 화강암 반석 위에 시원한 계곡물이 얕게 깔려 발 담그며 여름을 만끽하기에 좋다. 다만 계곡으로 접근하는 진입로가 마땅치 않다. 계곡물에 발을 담그고 싶다면 팔랑소산장으로 찾아가면 된다. 산장 옆으로 팔랑소로 들어갈 수 있는 길이 있다.

충청북도 | 괴산

계곡에 발 담그고
오골계로 몸보신, 괴산 여행

인파로 바글거리는 명소에서 여행은 쉼이 아니라 스트레스다. 그래서 고수들은 소도시를 택한다. 충북 괴산에는 그 옛날 선비들이 안식처로 삼았던 아홉 굽이 계곡이 흐른다.

괴산 관광지도를 펼쳐놓고 보면 '○○구곡'이라고 표시된 곳이 유난히 많다. 구곡(九曲), 아홉 계곡을 뜻하는 구곡을 처음 명명한 사람은 남송의 학자 주자다. 주자는 중국 푸젠성 무이산 계곡에 살면서 주변 경치를 칭송하는 '무이구곡가(武夷九曲歌)'를 지었다. 주자가 무이구곡가를 통해 단순히 자연 경관만을 이야기한 건 아니다. 무이구곡은 성리학적 세계관이 담긴 이념적 이상향을 상징한다.

구곡의 유래는 알았다. 이제 궁금한 건 괴산에 수많은 구곡이 생겨난 연유다. 괴산과 구곡의 연결고리는 조선 중기 학자 우암 송시열이 쥐고 있다. 송시열은 주자를 흠모했다. 스스로를 주자에 비유했던 송시열이 괴산 화양동계곡에 머물면서 무이구곡가를 본받아 화양구곡을 명명한 것이다. 이후 송시열의 후학들이 그의 뜻을 받들어 비경을

갈은구곡

찾아내 '구곡'이라 명명했다. 괴산에는 화양구곡 말고도 갈은구곡, 선유구곡, 쌍곡구곡, 고산구곡, 연하구곡, 풍계구곡 등 7개의 구곡이 있는데 연하구곡은 괴산호 아래에 잠겼고, 풍계구곡은 문헌에서만 존재한다.

괴산에서 가장 유명한 곳은 역시 화양구곡이다. 제1곡 경천벽부터 제9곡인 파천까지 이어지는 3km 산책로를 따라 호젓하게 산책을 즐긴다. 넉넉한 물길을 따라 걷다가 마음 내키는 곳에 멈춰서 잠시 땀청을 부려도 좋다. 하늘을 떠받친 '경천벽', 구름 그림자가 맑게 비치는 '운영담', 금모래가 넓게 펼쳐진 '금사담', 구름을 찌를 듯 웅장한 바위 '능운대' 등 이름만큼 웅장한 9개의 비경이 시원한 계곡물을 배경으로 굽이굽이 펼쳐진다.

화양구곡이 제법 정비된 모습이라면 갈은구곡은 좀 더 자연적이었다. 달리 말하면 투박하달까. 갈은구곡 초입 갈론마을까지 가는 길부터가 그랬다. 칠성면에서 출발해 달천을 따라 이어진 길은 사은리 부근부터는 1차로로 쪼그라들었다. 갈은구곡 표지석이 있는 곳에 차를 대고 트레킹을 시작했다. 이곳부터는 속리산국립공원에 속한다. 1곡 장암석실을 지나 2곡 갈천정에 다다르면 물줄기가 보인다. 진짜 비경은 3곡 강선대 이후부터다. 강선대에 다다르면 글자를 유심히 볼 일이다. 보통 '신선 선(仙)' 자를 쓰는데, 이곳엔 '춤출 선(僊)'이 새겨져 있다. 신선이 춤을 출 정도로 경치가 좋다는 의미다. 무엇보다 한적해서 좋았다. 갈론마을 쪽 계곡엔 이른 피서객이 보였지만 강선대엔 사람이 없었다. 너럭바위에 자리를 잡고 계곡에 발을 담갔다. 4곡 옥류벽부터는 계곡 상류로 진입한다. 계곡을 싸고 축대처럼 늘어선 바위가 인상적이다. 갈은구곡은 적당히 걷고 적당히 쉬어갈 수 있어서 좋았다. 여름엔 계곡 트레킹만 한 야외 활동이 없다. 계곡을 타고 부는 시원한 바람이 콧

산막이옛길

잔등 땀을 훑고 지나갈 때 느껴지는 산뜻함은 여름날에만 맛볼 수 있는 묘미다.

사실 괴산에서 가장 유명한 건 산막이옛길이다. 깊은 오지마을 사람들이 힘을 합쳐 만든 산막이옛길은 2011년 개장해 최고 많을 땐 한 해 방문객이 130만명에 달할 정도로 인기를 끌었다.

본래 산막이옛길은 산막이마을부터 사오랑마을까지 연결하는 4km의 통행로였다. 첩첩산중 산막이마을 사람들은 산에 올라 나물과 버섯을 채취해 생활을 이어갔다. 마을에 위기가 닥친 건 1957년 괴산수력발전소가 생기면서다. 댐이 지어지면서 마을 대부분이 수몰되고 개울을 따라 읍내로 가던 길 역시 저수지 아래로 가라앉았다. 마을 사람들은 읍내로 가는 새로운 길을 만들었고 이것이 산막이옛길의 시작이다.

산막이옛길은 능선을 타지 않는다. 풍광을 보고자 만든 길이 아니기에 산허리를 싸고 돈다. 출발과 동시에 왼쪽으로는 괴산호, 오른쪽으로는 높이 500m 남짓한 봉우리를 줄곧 품으며 걷는다. 경치를 보다 넓게 조망하고 싶다면 중간중간 이어지는 등산로를 따라 삼성봉·천장봉·등잔봉에 오르면 된다. 굳이 힘들게 등산을 하지 않더라도 산막이옛길 곳곳에서 비경을 만난다. 산막이옛길 초입에는 울창한 송림이 맞아준다. 특이한 건 소나무밭 사이로 출렁다리를 만들어놓은 것. 허공에 떠 있는 다리를 건널 땐 자연스레 발끝에 집중한다. 속세를 잊는다는 망

송이칼국수

감자전

세루(忘世樓)부터는 데크로드가 시작된다. 아름답게만 보이는 이 길은 그 옛날 지게꾼들이 목숨을 내놓고 걸었던 곳이다.

중간 지점 호수전망대에 서면 괴산수력발전소와 한반도 지형이 한눈에 잡힌다. 데크로드가 끝나고 흙길로 접어들면 산막이마을이 얼마 남지 않았다는 뜻이다. 본래 길은 산막이마을까지였다. 산막이옛길이 인기를 끌자 괴산군은 곧장 '충청도 양반길'을 발굴하기 시작했고, 산막이옛길을 충청도 양반길 1코스에 포함시켜 현재까지 1, 2, 2-1, 3코스까지 모두 25km 길을 완성했다.

산막이옛길은 충청도 양반길 2코스와 '연하협구름다리'를 통해 연결된다. 양반길 2코스는 앞서 소개한 갈론구곡을 지나 사기막리, 선유대를 차례로 거친 다음 다시 연하협구름다리로 돌아와 끝이 나는 13.5km의 길이다.

2016년 개통한 연하협구름다리는 그 자체만으로도 명소다. 젊은 사람들은 산막이옛길보다는 이 다리에 더 관심이 많다. 다리 한가운데 서서 괴산호를 떠가는 유람선을 구경할 땐 마치 노르웨이 피오르를 보는 것 같은 착각이 든다.

오골계 백숙

올갱이 해장국

무더운 여름을 견디게 해주는 괴산 별미 3대장은 오골계 백숙, 송이칼국수, 올갱이(다슬기의 충청도 방언) 해장국이다. 오골계 백숙은 칠성면 갈읍리 주목가든에서 먹었다. 주목가든은 충북도가 지정한 향토음식거리에 있다. 약처럼 푹 고아낸 백숙도 별미지만 함께 차려지는 밑반찬도 하나하나 특색이 있다. 산초기름에 부쳐낸 두부와 최소 2년을 묵힌 갖가지 장아찌만 먹어도 밥 한 그릇이 금세 비워진다. 오골계의 까만 속살은 의외로 부드럽고 국물은 기름지지 않아 담백한 맛을 낸다. 거기찻집은 송이칼국수와 감자전이 별미다. 깔끔한 칼국수 국물에 그윽한 송이 향이 가득하고 까만 깨가 듬뿍 뿌려진 두툼한 감자전은 겉은 바삭하고 속은 촉촉하다. 올갱이 해장국은 괴산을 대표하는 음식이다. 올갱이 특유의 쌉쌀한 맛을 싫어하는 사람도 주차장식당 해장국은 잘 먹는다. 비린내를 없애기 위해 올갱이를 밀가루에 한 번 굴린 다음 국에 넣고 끓인다.

충청북도 | 충주

현빈과 손예진 눈 맞은
비내섬과 요즘 '핫플' 악어섬

충청도민께는 죄송한 말씀이지만, 충청도 대표 도시 충주와 청주가 합쳐져서 충청도인데, 충주인지 청주인지 매번 헷갈린다. 청주가 신흥 강자라면 정통 강자는 충주다. 역사와 전통이 유구하며, 한반도의 중심이라는 입지 덕에 삼국시대부터 쟁탈전이 치열했다. 심심할 것 같지만 음식도 매력적이다. 충청도 특유의 재치도 곳곳에 묻어 있으니 언제든 가볍게 발걸음을 줄 만하다.

"세 번은 물어봐야지." 한 예능 프로그램에 출연한 한효주가 충청도식 대화법을 설명했다. 한효주와 대학 동기인 '서울 촌놈' 이승기는 "속을 잘 모르겠다는 말이 있더라"며 이해하지 못했다. 그러자 한효주는 "(충청도 사람에게) 뭘 물었을 때 처음에는 거절한다. 그런데 거기서 그만하면 안 된다. 세 번은 더 물어봐야 한다"고 했다. 같은 충청도 출신 이범수가 "한 번만 물어보면 '얘는 진심이 아니구나'라고 생각한다"고 거들었다.

백제, 고구려, 신라… 누구 땅?

충주시 공무원에게도 비슷한 이야기를 들은 적이 있다. 백제 땅이었다가 고구려 땅이 됐고 결국 신라 땅이 됐다. 함부로 발설

했다가는 생존을 위협받을 수 있었다는 얘기다. 충주는 4세기 이전까지 백제에 속했다. 고구려가 차지한 뒤 국원(國原)성으로 불렸다. 551년 진흥왕이 이곳을 점령한 이후에는 신라 영토 중원(中原)이 됐다. 우스갯소리로 글을 시작했지만 충주는 삼국시대 유적이 모두 남아 있는 역사도시다. 예로부터 한반도 중심으로 여겨졌다.

조선 후기 실학자 이중환은 지리서 '택리지'에 "충주 목계는 경상도에서 서울로 가는 길이 좌도에서는 죽령을 지나서 이 읍을 통하고 우도에서는 조령을 지나 이 읍과 통한다. 읍이 경기도와 영남을 왕래하는 길의 요충에 해당하므로 유사시에는 반드시 서로 점령하는 곳이 될 터다. 실제로 온 나라의 중앙이 되어서 중국의 형주·예주와 같다"고 적었다.

충주를 차지하면 한반도의 전략적 거점을 가지게 돼 기세가 올랐다. 물과 철도 중요한 충주의 자원이었다. 과거에는 육상 교통보다 해상 교통 활용성이 높았다. 남한강이 지나는 충주는 뗏목에 물자를 실어 한강 하류까지 운송할 수 있는 전략적 거점이었다. 지금으로 치면 고속도로와 다름없는 운송수단이었다. 또 충주 주변은 철이 풍부해 철기 무기를 만들 재료를 얻을 수 있었다.

역사의 도시 충주

충주를 차지하기 위한 혈투는 모두 유적으로 남아 있다. 국내에 하나뿐인 고구려 비석 중원고구려비(국보 205호)가 충주에 있다. 고구려 비석은 현재 두 개를 발굴했는데, 나머지 하나는 중국에 있는 광개토대왕비다. 처음 중국 학자들이 광개토대왕비를 발견했을 때 매우 기뻐했다. 이런 큰 석탑은 당연히 중국인이 만들었을 것이라고 생각했다. 하지만 내용을 보니 고구려비라는 게 확인됐다.

중원고구려비는 규모 면에서는 광개토대왕비에 못 미치지만 고구려가 신라를 지원해 왜구를 토벌한 기록이 새겨진 의미 있는 비석이다. 크기는 높이 2.03m, 너비가 0.55m 가량 되는 두툼한 돌기둥 모양이다. 충주고구려비전시관에는 웅장한 고구려의 세계관과 남하 정책을 상세하게 설명한 전시물, 한때 5만명에 달했다는 고구려 전사 개마무사 모형을 비롯해 볼거리가 많다.

신라 땅이 되자 신라 진흥왕은 가야 출신 우륵을 비롯해 경주의 귀족과 지방 호족을 충주로 이주시켰다. 그 흔적은 누암리 고분군의 230여 기 무덤에 남았다. 우륵은 탄금대에서 가야금을 탔다고 알려졌다. 탄금대는 남한강을 대표하는 절경으로 병자호란 때 활약한 임경업 장군이 무술을 수련했다.

신립의 기병이 임진왜란 초창기 남한강을 뒤로 배수의 진을 치고 장렬히 전사한 통한의 역사도 서려 있다.

드라마 '사랑의 불시착' 촬영지

신라의 흔적은 무엇보다 충주 탑평리 칠층석탑(국보 6호)이다. 충주를 차지한 신라 원성왕이 보폭이 비슷한 사람을 각각 남쪽과 북쪽 끝, 그리고 동쪽과 서쪽 끝에서 걸어오게 했다. 둘이 만난 자리에 탑을 세웠다. 현재는 탑 주변으로 공원을 조성해 충주 시민의 휴식처가 됐다.

칠층석탑은 흔히 '중앙탑'으로 불린다. 탑 주변으로 중앙탑공원을 조성해서 그렇다. 2020년에 중앙탑 부근에 '지구에 불시착한 달'을 설치했는데 시민들 반응이 좋아 그대로 뒀다. 공원과 연결된 1.4km 무지개길은 조정선수권대회 중계를 위해 설치했다. 그래서 처음에 중계도로라고 불리다가 밤에 조명을 쏘아 아름다운 야경을 선보인 이후로는 무지개다리가 됐다. 중앙탑공원 조정 체험학교에서는 직접 조정을 체험할 수도 있다. 이 두 곳과 갈대가 무성한 비내섬까지 총 세 곳에서 드라마 '사랑의 불시착'을 촬영했다. 면적이 무려 99만2000㎡(약 30만 평)인 비내섬은 갈대가 무성해 베어냈다고

드론으로 찍은 비내섬 모습
ⓒ 충주시

중앙탑 공원에서 바라본 충주호

해서 붙은 이름인데, 최근에는 '차박' 여행지로도 입소문이 났다. 단 미군 훈련 땐 출입이 불가능하다.

악어봉에서 내려다본 충주호 풍경

SNS에서 뜨거운 활옥동굴과 악어섬

SNS를 뜨겁게 달구고 있는 명소는 충주 활옥동굴과 악어봉이다. 활옥동굴은 1922년 일제강점기에 개발된 국내 유일의 활석 광산으로 기록상 57km, 비공식으로는 87km에 이르며 지하 수직고가 711m로 동양 최대 규모를 자랑한다. 2018년 6월 폐광하면서 공장 문을 닫았다. 그 대신 철제 구조물과 원료 저장용 탱크를 유지하면서 내부를 화려한 조명으로 꾸며 테마 동굴로 탈바꿈했다. 연중 12도로 여름에 찾으면 시원하고, 겨울에 가면 따뜻하다.

자연 동굴과 다르게 천장에 붙은 종유석 같은 자연현상을 관찰할 수 없지만 최대 8000명의 광부가 일하던 흔적이 동굴 곳곳에 남아 있다. 갱도 구간은 전체 중 800m를 개방해 리모델링하고 동굴 내부에는 각종 빛 조형물과 교육장, 공연장, 건강 테라피시설, 키즈존 등을 마련했다. LED와 네온을 이용한 은은한 조명으로 동굴은 아늑하고 따뜻한 분위기다.

또 와인식초 발효 전시, 옛 광산 체험장, 동굴 보트장 등 활옥동굴에서만 경험할 수 있는 체험 프로그램도 인기다. 그중에서도 발길을 끄는 장소는 가장 깊숙한 지점에 있는 동굴 보트장이다. 2인용 또는 3인용 투명 카약을 타며 즐길 수 있다. 물 깊이는 어른 허리 정도이지만 물고기 떼가 헤엄치는 모

수주팔봉 전망대에서 내려다본 달천과 팔봉마을
ⓒ충주시

습을 볼 수 있다.

월악산 자락 악어봉은 작가들이 몰래 찾던 숨은 사진 명소였는데, 몇 년 전부터 SNS에서 인기 폭발이다. 이제는 충주의 대표 풍경이 돼 충주시 홈페이지 문화관광 포털 배경 화면을 장식하고 있다. 수많은 악어가 진을 치고 진격하는 듯한 장면을 보려면 험난한 길을 올라야 한다. 현재는 비법정 등산로뿐이라 정비가 잘 돼 있지 않아 위험하다. 다만 악어봉 주변이 보호구역에서 해제됐고, 충주시도 2022년 말 정식 등산로를 내는 계획을 세웠다. 희소식이 아닐 수 없다.

악어봉이 뜨기 이전 풍경 강호는 수주팔봉이었다. 말 그대로 수려한 산봉우리 여덟 개가 물속에 비치고 기암절벽이 파노라마처럼 펼쳐져 있다. 조선조 철종이 낮잠을 자다가 본 동양화 같은 장면을 잊지 못해 신하들에게 찾으라고 지시했는데, 신하들이 수주팔봉 그림을 올렸다. 철종은 직접 행차해 꿈에서 본 그곳이라며 크게 기뻐했다고 한다. 출렁다리를 건너 전망대에 오르면 한강의 지류인 달천이 마을을 둥글게 감싼 전망을 마주하게 된다. 카메라 앵글에 다 잡히지 않을 정도로 장대하다. 달천 변은 깨끗한 모래사장이 펼쳐져 있어 '차박'의 성지다.

> 부록

사랑의 불시착 손예진♡현빈,
연인으로 안착하게 만든 장소는?

손예빈과 현빈이 결혼에 골인했다. 드라마 '사랑의 불시착' 속 연인에서 실제 연인으로 안착하게 된 것이다. 둘은 드라마가 끝난 이후 교제를 시작했다고 밝혔지만, 아무래도 드라마 촬영 당시에도 어떤 일이 있었는지 궁금증을 자아낸다. 속사정은 알 수 없으나, 사랑의 불시착 속 현빈과 손예진이 열연한 장소는 충주에 있는 곳이 많다.

비내섬

이별 소풍 가서 '불멍' 때린 충주 비내섬
손예진이 북한에서 인민군 동무들과 마지막 밤을 보낸 장소다. 드라마에서는 모닥불을 피우고 불멍을 하며 손예진이 무반주로 노래를 부른다. 남한강 중간에 위치한 축구장 138배 크기의 비내섬은 갈대숲을 보존하고 있다. 해 질 무렵 풍경이 아름다우며 '멍 때리기'에도 딱 좋다. 코로나 직전 남이섬에 이어 한류 관광지로 뜰 것으로 기대를 모으기도 했다. 충주시 홍보

무지개 길

맨 김선태 주무관은 유튜브 방송에서 "원래 차박의 성지인데, 금지된 곳"이라며 만류했다. 김주무관은 근처에 차를 대고 걸어 들어올 것을 추천했다. 또한, 군부대 훈련에 따라 통제하는 기간이 있어 가기 전에 충주시 환경수자원과에 확인해야 한다.

물을 설치했는데, 밤이 되면 마치 지구에 불시착한 듯한 풍경을 선보인다. 칠층석탑과 어우러져 달달한 밤 풍경을 만들어낸다. 바로 옆에 무지개다리에서는 서지혜(극 중 서단)와 김정현(극 중 구승준)이 키스 신을 찍었다.

남한에서 다시 만난 장소 충주 중앙탑공원

손예진을 보호하기 위해 남한에 내려온 현빈이 손예진과 다시 만난 장소도 충주에 있다. 충주호를 끼고 중앙에 국보 6호 칠층석탑을 품은 중앙탑공원이다. 2020년 보름달 모양의 조형

중앙탑

부록

올갱이해장국 · 치막 · 한우…
충주의 맛 느껴보세유

충청도 음식은 별로라는 편견이 있다. 하지만 적어도 충주에서만큼은 이건 순전히 오해다. 맛의 중심 충주는 먹을거리도 가득하다. 충주 농협에서 운영하는 탄금한우타운(충북 충주시 탄금대로 364)의 한우는 믿고 먹을 수 있다. 비교적 저렴한 가격에 살살 녹는 한우를 맛볼 수 있어 가성비 맛집으로 유명하다. 가야금 모양의 우아한 자태를 뽐내는 탄금대교가 보이는 조망도 입맛을 돋우는 데 한몫한다.

삼정면옥 평양냉면과 수육
충주에는 의외로 평양냉면을 오랫동안 판매한 식당이 있다. 1979년 문을 연 삼정면옥이다. 최근에 충주 출신 배우 박성웅이 허영만 화백과 함께 찾았다. 밍밍한 냉면 맛도 좋지만 수육이 예술이다. 허영만 화백이 "면의 향기, 게다가 수육의 질감은 최고였습니다"라고 적은 사인에 고개를 끄덕였다. 냉면은 평양식이지만 김치와 밑반찬은 충청도 스타일이다.

운정식당 올갱이 해장국
충북에서는 다슬기를 '올갱이(올뱅이)'라고 한다. 올갱이로 해장국을 내놓는 식당이 충주에도 꽤 된다. 해장이 필요한 아침에 적절한 선택이 될 수 있다. 충주에서는 운정식당(충북 충주시 중원대로 3432-1)과 복서울해장국(충북 충주시 관아1길 16, 오후 3시까지 영업)이 양대 해장국집으로 꼽힌다. 운정식당은 메뉴 첫머리에 올뱅이해장국을 올리는 올갱이 맛집이다. 복서울해장국은 해장국 종류만 5개를 내놓는다. 골

올갱이 해장국

영화식당 산채정식

라 먹는 재미가 있다. 올갱이를 씹으면 씹을수록 달착지근한 깊은 맛이 솔솔 배어난다. 국물과 함께 호호 불어 먹으면 고소한 향이 입 전체로 퍼진다. 다슬기는 계곡이나 깨끗한 하천에 서식하며 저지방, 고단백질로 다이어트에 효과적이며 시력 보호, 숙취 해소, 간기능 회복 등에 효능이 있다. 충청도 스타일의 올갱이해장국이 괜찮은 이유다.

영화식당 산채정식

수안보는 조선을 건국한 태조 이성계가 찾았다 해 '왕의 온천'이라고 불린다. 코로나 탓에 온천욕은 어렵지만, 그래도 충주까지 왔다면 수안보를 반드시 들러야 할 이유가 있다. 산채정식 때문이다. 주문하면 전라도 밥상 저리 가라며 시위를 하듯 아주머니가 3번에 걸쳐 반찬과 밥을 '촤르르르르~' 깔아준다. 하나둘 깔릴 때마다 처음 보는 나물이 등장해 눈이 휘둥그레진다. 하도 많이 물어봤는지 접시에 이름이 적혀 있다. 밥은 물론이고 구수한 된장찌개와 숭늉도 나온다. 너무 많은 거 아닌가 싶지만, 인근 치악산과 월악산에서 채취한 나물과 함께 오물오물 씹다 보면 어느 순간 빈 접시가 더 많아진다. 환상의 짝은 수안보 생막걸리다. 걸쭉하고 톡 쏘는 달콤한 막걸리는 고소한 나물과 어우러져 차지게 목을 타고 술술 넘어간다. 생막걸리는 유통기한이 일주일 남짓이라 수안보를 벗

치막

어나면 구하기 어렵다. (영화식당, 충북 충주시 수안보면 물탕1길 11)

감자만두와 치막

아는 사람만 아는 특이 충주 음식은 감자만두와 치막이다. 감자만두는 대우분식(충북 충주시 공설시장길 13)이 백종원의 방송에 나와 유명해졌다. 떡과 만두를 동시에 즐기는 쫄깃한 맛이다. 공설시장을 들르게 된다면 방문해도 후회 없을 것이다.

치막은 치킨과 막국수의 합성어다. 메밀가루로 겉을 바른 치킨을 막국수와 함께 먹을 수 있다. 이름하여 '치막'이다. 바삭하고 고소한 치킨이지만 기름져 다소 느끼하다. 그럴 때 막국수를 호로록 빨아들이면 새콤하게 입맛을 잡아준다. 중앙탑공원 바로 옆에 치막 식당가가 형성돼 있다. 10년 이상 역사를 자랑한다. 6개 식당에서 치막을 내놓는다.

시크릿 여행지

초판 1쇄   2022년 7월 29일

지은이   장주영 홍지연 권오균 강예신
펴낸이   서정희
펴낸곳   매경출판㈜
등록   2003년 4월 24일(No. 2-3759)
주소   (04557) 서울시 중구 충무로 2(필동1가) 매일경제 별관 2층 매경출판㈜
인쇄·제본   ㈜M-print   031)8071-0961

ISBN 979-11-6484-454-8(13980)

책값은 뒤표지에 있습니다.
파본은 구입하신 서점에서 교환해 드립니다.